DAS NEUE KAPITAL

ULRIKE HINRICHS & INGO KROCKE / HRSG.

DAS
Unsere Chance
NEUE
für Deutschlands
KAPITAL
nächstes Wirtschafts-
wunder

MURMANN

INHALTSVERZEICHNIS

Autor:innen-Profil:

Ulrike Hinrichs ist seit 2011 Vorstandssprecherin des BVK (Bundesverband Beteiligungskapital). Sie studierte Germanistik, Chemie und Politikwissenschaften in Göttingen und Wien, volontierte beim SWR und arbeitete für ARD und ZDF. 2005 wurde sie Sprecherin von Bundesminister Horst Seehofer, später leitete sie den Arbeitsstab im Auswärtigen Amt. Seit 2017 moderiert sie die Talkshow „Schlossplatz Berlin. Wo Politik auf Wirtschaft trifft.“. Hinrichs ist Buchautorin, Beirätin der KfW Capital und des Verbandes Deutscher Bürgschaftsbanken sowie Aufsichtsrätin bei Fischer Appelt.

Dr. Ingo Krocke studierte Medizin in Bonn und Paris und war anschließend in Barcelona und New York ärztlich tätig. Seine Industrielaufbahn startete er als Brand Manager bei Procter & Gamble. Sein Einstieg ins Beteiligungsgeschäft erfolgte bei Apax Partners, einer weltweit führenden Beteiligungsgesellschaft. Dort lag sein Fokus auf den Sektoren Medizintechnik, Konsumgüter, Handel und IT. Bevor er im Jahr 2001 AUCTUS gründete, war er Gründer und Geschäftsführer von Wellington Partners in München.

DAS NEUE KAPITAL – MEHR ALS GELD: DIE KRAFT HINTER MUTIGEN UNTERNEHMEN

Wenn man heute durch Deutschland fährt – egal ob mit dem Zug oder mit dem Auto – oder einfach mit wachem Blick die Nachrichten verfolgt, dann spürt man überall, wie viel auf dem Spiel steht. Man spürt aber auch: Das Alte trägt nicht mehr. Und das Neue ist noch nicht selbstverständlich. Wir stehen als Gesellschaft an einem Punkt, an dem vieles gleichzeitig passiert: Dauerrezession, Angst um Arbeitsplätze, Chancen und Risiken der Digitalisierung, marode Infrastruktur, die fehlende Wehrfähigkeit des Landes, Krieg in Europa und Nahost und der Klimawandel. Die Digitalisierung verändert unsere Arbeitswelt, der Klimawandel verändert unsere Städte und Dörfer. Die Bundesregierung schätzt die nötigen Investitionen allein für die Energiewende bis 2050 auf rund 550 Milliarden Euro.[1] Und das alles bei leeren Staatskassen und Rekordverschuldung. Gleichzeitig zeigen die globalen Krisen – von Kriegen bis zu Pandemien –, wie verletzlich selbst starke Volkswirtschaften geworden sind. Wenn Deutschlands Unternehmen nicht mehr weltweit zur Spitzenklasse gehören, drohen immense Wohlstandsverluste und ein starker Anstieg der Arbeitslosigkeit. Gleichzeitig wächst bei vielen der Wunsch, mitzuwirken. Nicht nur zuzuschauen, sondern selbst zu gestalten und Verantwortung zu übernehmen. Doch mit diesem Wunsch kommt auch die Frage: Wie? Dieses Buch will eine Antwort darauf geben. Es erzählt von einer Form der Verantwortung, die oft im Hintergrund wirkt – aber einen entscheidenden Unterschied macht: das neue Kapital, das Wirkung entfaltet.

Das neue Kapital ist mehr als Geld

Kapital ist eines der wirksamsten Werkzeuge, die eine Gesellschaft hat. Mit Kapital können wir neue Universitäten und Schulen bauen, Firmen modernisieren, Technologien entwickeln und gute Ideen in große Lösungen verwandeln. Aber Kapital allein reicht nicht. Es braucht Menschen, die wissen, wie man es einsetzt, sodass es seine volle Wirkung entfalten kann. Menschen, die sich fragen: Was braucht unser Land wirklich? Woran hängt unsere Zukunft? Und wie können wir sie heute finanzieren? Denn Geld ist nicht gleich Geld und Kapital ist nicht gleich Kapital. Es gibt Kapital, das verwaltet – und Kapital, das gestaltet. Dieses Buch handelt vom Gestalten.

Eine Investition in unsere Zukunft

Die Herausforderungen sind gewaltig – aber sie sind auch klar benannt: Die künstliche Intelligenz verändert unsere Welt in rasantem Tempo. Die weltweiten Investitionen in KI werden 2025 etwa 200 Milliarden US-Dollar erreichen.[2] Deutschland hinkt mit aktuell 10 Milliarden US-Dollar für Digitalisierung im Mittelstand deutlich hinterher.[3] Dazu kommt: Zwischen 2022 und 2026 standen bzw. stehen über 190.000 Unternehmen zur Übergabe an – eine ganze Unternehmergeneration der Babyboomer geht in Rente.[4] Wer übernimmt? Und mit welchem Kapital? Zugleich möchte Deutschland bis 2045 klimaneutral werden. Dafür brauchen wir neue Energien, neue Technologien und neue Geschäftsmodelle. Die jetzige Bundesregierung hat in ihrem Koalitionsvertrag dafür über 500 Milliarden Euro reserviert. Es ist, als würden viele Brücken gleichzeitig gebaut, doch dabei mangelt es an Beton. Und die Menschen, die bereit wären, mit anzupacken, wissen nicht immer, wie sie sich einbringen können.

Haben wir genügend Beteiligungskapital in Deutschland?

Die ehrliche Antwort lautet: Nein. Deutschland ist ein starkes Land mit exzellenten Ingenieurinnen, kreativen Unternehmern und mutigen Gründerinnen. Aber wenn es darum geht, diese Ideen auch mit Kapital zu versorgen, bleiben wir deutlich hinter unseren Möglichkeiten zurück. 2024 flossen rund 14,4 Milliarden Euro Beteiligungskapital in deutsche Unternehmen. In ganz Europa waren es 126,3 Milliarden Euro. Deutlicher wird das Bild, wenn man diese Investitionen ins Verhältnis zur jeweiligen Wirtschaftskraft setzt: Für Europa entspricht das etwa 0,55 Prozent des BIP, in Deutschland hingegen nur 0,33 Prozent. Für Großbritannien und Frankreich fällt dieser Wert rund drei Mal so hoch aus, Schweden liegt beim Vierfachen. Für die USA liegen keine vergleichbaren Private-Equity-Zahlen vor. Jedoch flossen allein in US-amerikanische Start-ups fast 173 Milliarden US-Dollar Venture Capital und in Relation zum BIP mehr als das Vierfache im Vergleich zu Deutschland bzw. das 3,3-fache gegenüber Europa. Das bedeutet: Andere Volkswirtschaften investieren gemessen an ihrer Größe zwei- bis dreimal so viel Beteiligungskapital wie wir. Dabei fehlt es nicht am Kapital an sich – es liegt in Rentenkassen, Versicherungen, Unternehmensbilanzen und Familienvermögen bereit. Was uns fehlt, sind die Strukturen, die Anreize und das Vertrauen, dieses Kapital in Beteiligungen zu lenken.

Dabei wissen wir längst, was Beteiligungskapital bewirken kann: Mittelständische Unternehmen, die damit finanziert werden, steigern ihren Umsatz in drei Jahren um durchschnittlich 21 Prozent, fast doppelt so viel wie die Vergleichsunternehmen, schaffen 13 Prozent mehr Arbeitsplätze – mehr als doppelt so stark wie die Beschäftigung in Deutschland – und investieren deutlich mehr in die Zukunft. Das Anlagevermögen nimmt um 17 Prozent zu. Umgekehrt sinkt das Anlagevermögen von Vergleichsunternehmen ohne Beteiligungspartner im selben Zeitraum sogar um 5 Prozent.[5] Ob wir genügend Beteiligungskapital haben, ist also keine theoretische Frage – sie entscheidet darüber, ob gute Ideen in Deutschland wachsen können oder im Zweifel woanders Realität werden. Und es ist zugleich eine Einladung, mehr daraus zu machen. Damit unser Land nicht nur Ideenland bleibt, sondern zum Umsetzungsland wird.[6]

Was andere Länder besser machen – und was wir lernen können

Wer heute in Skandinavien, Großbritannien oder den USA mit Investorinnen und Investoren spricht, trifft nicht selten auf ein ganz anderes Selbstverständnis. Dort ist Beteiligungskapital nicht nur akzeptiert – es ist hochgeschätzt. Es gilt als Rückgrat für Innovation, Wachstum und Wohlstand. Während hierzulande oft noch das Bild von kurzfristiger Renditegier mitschwingt, wird Beteiligungskapital in anderen Ländern als das gesehen, was es ist: ein entscheidender Hebel für die Zukunft.

Skandinavien zeigt, wie Kapitalkultur geht.

In Schweden etwa ist die kapitalgedeckte Altersvorsorge verpflichtend – Arbeitnehmerinnen und Arbeitnehmer zahlen 2,5 Prozent ihres Bruttoeinkommens in ein staatlich reguliertes, aber privat wählbares Fondsmodell. Zur Auswahl stehen über 100 Private-Equity- und Aktienfonds. Das hat nicht nur zu einer breiten Aktienkultur geführt – sondern auch zu einer massiven Mobilisierung von Kapital für innovative Unternehmen. Beteiligungskapital ist dort kein Fremdwort, sondern Alltag.[7]

Großbritannien setzt auf gezielte Marktimpulse.

Mit Programmen wie dem British Patient Capital und dem Future Fund hat die britische Regierung in den letzten Jahren gezielt privates Kapital gehebelt. Institutionelle Anleger wie Pensionsfonds wurden dabei früh eingebunden – und rechtlich wie steuerlich gezielt gefördert. Gleichzeitig profitieren Start-ups und Fonds von einem Börsenumfeld, das schnelle Exits und Skalierung ermöglicht. Anders als in Deutschland gibt es dort keine Debatte darüber, ob Private Equity „gut" oder „schlecht" ist – sondern nur die Frage, wie man es am besten einsetzt.

In den USA ist Beteiligungskapital systemrelevant.

Venture Capital gehört in den USA zur DNA des Wachstums. Von Silicon Valley bis Boston ist Beteiligungskapital der Standardweg zur Unternehmensentwicklung. Stiftungen, Universitäten, Versicherungen und Pensionsfonds investieren dort in Milliardenhöhe – abgesichert durch verlässliche Regeln, klare Steuertransparenz und gesellschaftliche Akzeptanz. 2024 lagen die VC-Investitionen in den USA bei rund 173 Milliarden US-Dollar, in Europa bei 51 Milliarden und in Deutschland bei knapp 7 Milliarden.[8]

Warum ist das so? Warum tun wir uns so schwer?

1. Kapitalmarktkultur statt Kapitalmarktmisstrauen

In Deutschland herrscht – historisch bedingt – noch immer ein spürbares Unbehagen gegenüber Finanzmärkten. Die Erinnerung an den Crash des „Neuen Marktes" um die Jahrtausendwende oder die globale Finanzkrise 2008 ist bei vielen Menschen bis heute lebendig. Solche Ereignisse haben tiefe Spuren hinterlassen und das Vertrauen erschüttert, dass Märkte verlässlich und fair sein können. Das wirkt sich bis heute aus: Nur etwa 17 Prozent der Deutschen[9] halten direkt oder über Fonds Aktien – in Schweden sind es über 60 Prozent. Durch die gesetzliche Verpflichtung der Arbeitnehmenden, Anteile ihres Einkommens in Fonds zu investieren, die wiederum Unternehmen finanzieren, ist Beteiligung dort alltäglich und wird als selbstverständlicher Teil der Altersvorsorge und Zukunftssicherung gesehen.

Hierzulande fehlt es dagegen oft an finanzieller Bildung und an positiven, greifbaren Beispielen, die zeigen, wie Beteiligungen Unternehmen dabei helfen können, zu wachsen, Arbeitsplätze zu schaffen oder den Generationenwechsel zu meistern. Vielen ist nicht bewusst, dass Beteiligungskapital genau das bedeutet: gemeinsam Verantwortung zu tragen und zu ermöglichen, dass gute Ideen Realität werden.

2. Fehlende Strukturen und Intermediäre

In vielen europäischen Ländern gibt es leistungsfähige Dachfonds, die zwischen institutionellen Anlegern und VC-Fonds vermitteln – mit Expertise, Größe und Vertrauen. In Deutschland fehlen diese Strukturen weitgehend. Zudem sind viele Fonds zu klein für große Investoren, es mangelt an Co-Investmentplattformen und skalierbaren Vehikeln.

3. Steuer- und Regulierungshürden

Während Länder wie Frankreich und Großbritannien Beteiligungskapital steuerlich gezielt fördern, werden Investoren in Deutschland häufig mit regulatorischen Barrieren konfrontiert. Ein Beispiel: Ein BMF-Schreiben zur Vermögensverwaltung aus dem Jahr 2003 – ein echter Oldtimer also – ist nie überarbeitet worden und regelt bis heute die steuerliche Behandlung unserer Fonds. Da Markt und Investorenlandschaft sich aber verändert haben, schießt diese damals gut gemeinte Regulierung nun völlig am Ziel vorbei und verhindert den Zufluss von Kapital in deutsche Fonds. Die Folge: Fonds wandern ab, und deutsche Unternehmen suchen Kapital im Ausland. Auch das von Bundesfinanzminister Lars Klingbeil 2025 vorgelegte Standortföderungsgesetz beseitigt zwar einige strukturelle Probleme, bringt uns aber im internationalen Standortwettbewerb nicht auf Augenhöhe mit unseren Nachbarmärkten.

Die Kraft des Beteiligens – unsere Chance

Unternehmensbeteiligungen bieten riesige Chancen: Beteiligungskapital ist das Gegenteil von anonymem Geld. Es ist Kapital, das sich einbringt und mitgeht. Wer Beteiligungskapital gibt, beteiligt sich am Erfolg, aber auch am Risiko – nicht von außen, sondern mittendrin. Was viele gar nicht wissen: Beteiligungskapital ist oft der Grund, warum ein Familienunternehmen modernisiert werden kann und warum ein Start-up seine ersten großen Schritte schafft. Aber auch dafür, warum ein Betrieb in einer ländlichen Region überlebt und am Ende neue Arbeitsplätze schafft. 2024 flossen rund 14,2 Milliarden Euro Beteiligungskapital in deutsche Unternehmen – deutlich weniger als in den USA.[10] Wir sind eine starke Volkswirtschaft, die an dieser Stelle viel mehr möglich machen könnte.

Die Menschen dahinter

In diesem Buch sprechen die Menschen, die dieses Kapital bereitstellen. Es sind Unternehmerinnen und Investoren, Vordenkerinnen und Gestalter. Sie führen große Fonds oder kleine Beteiligungsgesellschaften. Sie arbeiten mit Pensionskassen, öffentlichen Fonds oder eigenen Familienvermögen. Was sie eint: Sie sehen Kapital nicht als Selbstzweck, sondern als Werkzeug für Verantwortung. Sie investieren, weil sie an Unternehmen glauben. Weil sie wissen, wie wichtig es ist, dass gute Ideen nicht an fehlendem Geld scheitern. Und weil sie erkennen: Zukunft ist nichts, das man „irgendwann mal“ angeht. Zukunft passiert – jetzt.

Von Vertrauen, Mut und Wirkung

Oft beginnt Beteiligungskapital nicht mit einem Vertrag, sondern mit einem Gespräch. Zwei Menschen sitzen an einem Tisch: die eine mit einer Idee, der andere mit Kapital – beide mit dem Wunsch, etwas zu bewegen. Dieses Buch versammelt solche Geschichten. Es zeigt: Diese Partnerschaften verändern nicht nur Bilanzen, sie wirken auf die Menschen, Orte und Regionen. Beteiligungskapital bedeutet nämlich:

- Vertrauen, wenn andere zögern,
- Mut, wenn alles unsicher ist,
- Erfahrung, die sowohl Start-ups benötigen als auch expandierende Mittelständler,
- Geduld, wenn sich Dinge entwickeln müssen,
- Wirkung, die bleibt – über Jahre hinaus,
- Ehrgeiz, Marktführer zu werden.

Und der Erfolg spricht für sich: Unternehmen mit Beteiligungskapital wachsen schneller, schaffen mehr Arbeitsplätze und investieren mehr in Innovation. Die Zahl der Beschäftigten steigt Studien zufolge mehr als doppelt so stark wie in vergleichbaren Unternehmen ohne Beteiligung. Auch Umsatz, Eigenkapitalquote und Investitionsvolumen entwickeln sich überdurchschnittlich. Außerdem können Unternehmen mit Beteiligungskapital im Gegensatz zu anderen sowohl ihren Umsatz als auch ihr Anlagevermögen deutlich steigern.[11] All das macht deutlich, dass Kapital mehr kann als nur Geld bewegen – es ermöglicht Zukunft!

Ein anderes Verständnis von Verantwortung

Wenn wir über Verantwortung reden, denken viele an Politik, an Gesetze und an Institutionen. Aber Verantwortung zeigt sich auch dort, wo jemand bereit ist, in andere zu investieren. Wo jemand sagt: Ich glaube an dein Unternehmen, deine Idee ist gut und ich bin bereit, dich zu unterstützen. Und ich glaube an den Standort Deutschland. Diese Form von Verantwortung ist leise, aber wirksam. Sie schafft Vertrauen, wo Misstrauen wächst. Sie ermöglicht Wandel, wo andere aufgeben. Und sie zeigt: Verantwortung kann man auch finanzieren.

Für alle, die mitdenken wollen

Dieses Buch richtet sich nicht nur an Profis aus der Finanzwelt. Es ist für alle, die sich fragen: Wie können wir gemeinsam dafür sorgen, dass Deutschland nicht nur stabil bleibt – sondern wieder mutiger wird? Egal ob Unternehmerin, Lehrer, Gründerin, Pfleger, Bürgermeisterin oder Student: Dieses Buch macht Mut. Es zeigt, dass man Kapital nicht fürchten muss – sondern nutzen kann. Dass wir nicht warten müssen, sondern anfangen können. Und dass viele bereits unterwegs sind. Vielleicht sogar mehr, als wir denken.

Die Kraft der Verbindung

Eine große Stärke von Beteiligungskapital liegt in dem, was man nicht sieht: in den Beziehungen, die entstehen. Zwischen Gründerinnen, Gründern und Investoren. Zwischen Unternehmerinnen, Unternehmern und neuen Partnern. Zwischen regionalen Betrieben und globaler Perspektive. Denn Beteiligung heißt: Ich gehe mit, ich helfe mit und ich glaube an den gemeinsamen Erfolg. Und dieser Geist – nicht Kontrolle, sondern Kooperation – ist das, was unsere Wirtschaft in Zukunft mehr denn je braucht. Gerade in einer Zeit, in der viele Gräben wachsen: zwischen Stadt und

Land, Alt und Jung, Sicherheit und Veränderung. Beteiligungskapital baut Brücken. Es bringt Menschen zusammen, die sich sonst vielleicht nie begegnet wären. Und es tut das mit einer Haltung, die unserer Zeit entspricht: partnerschaftlich, zukunftsgerichtet, wirksam.

Ein anderes Wirtschaften ist längst da

Manche sagen: „Wir brauchen ein neues Denken in der Wirtschaft." Stimmt, denn das romantisierte Weltbild von Unternehmertum mit einem Patriarchen, der als Erster in sein Unternehmen rein- und als Letzter rausgeht, ist längst überholt. Die Wahrheit ist: Die Eigentümer von Unternehmen sind oft so vielfältig wie diese selbst. Wer mit Investorinnen und Investoren spricht, die sich heute in Unternehmen einbringen, hört keine Sprache der reinen Rendite. Man hört von Verantwortung, von ökologischen Zielen, von sozialer Wirkung. Man hört von Geduld, von Aufbau, von langfristigem Vertrauen. In den Gesprächen, die diesem Buch zugrunde liegen, wird eines klar: Es geht nicht um ein „Entweder-oder". Nicht um Wirtschaft oder Gesellschaft. Nicht um Kapital oder Gemeinwohl. Es geht um ein „Sowohl-als-auch". Und um ein gemeinsames Gestalten.

Ein Land voller Potenzial

Deutschland ist ein Land voller kluger Köpfe, voller technischer Kompetenz, voller Erfindergeist und unternehmerischer Energie. Aber dieses Potenzial muss sich entfalten dürfen. Es darf nicht an Papierkram scheitern, nicht an überkomplexen Regeln, nicht an der Angst, etwas falsch zu machen. Und schon gar nicht darf es am Kapital scheitern. Denn das Kapital ist da: In Rentenkassen, in Versicherungen, in Unternehmensbilanzen, in Familienvermögen. Was fehlt, ist oft nicht die

Summe – sondern der Zugang. Die Struktur. Das Vertrauen. Und genau hier kann Beteiligungskapital ansetzen. Es ist zwar kein Wundermittel – aber ein Werkzeug. Eines, das bereits funktioniert und das jetzt skaliert werden muss.

Der Beitrag der Politik

Natürlich braucht es dafür auch politische Rahmenbedingungen. Programme wie der Wachstumsfonds Deutschland bei der KfW Capital, die WIN-Initiative der KfW oder Kapitalsammelstellen wie KENFO und VBL zeigen, wie stark öffentliche Kapitalgeber bereits Impulse setzen können. Eine steuerliche Gleichstellung von Eigen- und Fremdkapital ist aber überfällig. Es braucht Rahmen, die nicht einschränken, sondern die ermöglichen. Die nicht alles kontrollieren wollen, sondern Verantwortung zulassen. Leider ist Deutschland in Bezug auf Regelungen für Beteiligungsgesellschaften momentan das Schlusslicht Europas. Das ist inzwischen einer der größten Wettbewerbsnachteile unseres Landes.

Was es deshalb unbedingt braucht, sind:

- klarere steuerliche Regeln für Beteiligungen, am besten gesetzlich verankert,
- bessere Bedingungen für institutionelle Investoren, sich in Beteiligungskapital zu engagieren,
- öffentliche Fonds, die mit privaten Partnern gemeinsam auch in den Mittelstand investieren,
- Bildungsoffensiven, die finanzielle Teilhabe verständlicher machen,
- Transparenz bei Erfolgen, zum Beispiel durch gute Datenbanken und Statistiken.

Aber vor allem: eine Haltung, die Beteiligung nicht als Risiko sieht – sondern als Chance.

Die große Einladung

Dieses Buch ist ein Anfang. Es lädt ein, mitzudenken, mitzumachen – mit „zu investieren“ im besten Sinne des Wortes. Denn die Menschen, die in diesem Buch zu Wort kommen, zeigen, dass es geht und dass Zukunft nicht abstrakt ist. Mehr Tempo, bessere Bedingungen, kluge Verantwortung – das sind hier die Stichworte.

Am Ende ist es eigentlich ganz einfach: Wenn wir mehr Beteiligungskapital mobilisieren, bekommen gute Ideen schneller die Mittel, die sie brauchen. Unternehmen können investieren, bevor Chancen verstreichen. Nachfolger können Betriebe übernehmen, bevor sie schließen müssen. Start-ups können wachsen, bevor Wettbewerber aus dem Ausland an ihnen vorbeiziehen. Bessere steuerliche Regeln, weniger Bürokratie und stabile Rahmenbedingungen setzen genau hier an. Sie schaffen Verlässlichkeit und senken Hürden, damit Kapital dort ankommt, wo es Wirkung entfaltet. Damit sichern wir Arbeitsplätze, treiben Innovationen voran und machen unser Land widerstandsfähiger gegen die großen Umbrüche unserer Zeit.

Ludwig Erhard hat einmal gesagt: „Wirtschaftliche Freiheit ist untrennbar mit Verantwortung verbunden.“ Genau das ist Beteiligungskapital: Es verbindet Freiheit mit Verantwortung. Es ermöglicht Wachstum, ohne das Gemeinsame aus dem Blick zu verlieren. Es gibt uns die Chance, die Zukunft nicht abzuwarten, sondern sie aktiv zu gestalten. Nutzen wir sie.

Autor:innen-Profil:

Danijel Višević ist General Partner beim World Fund. Er ist anerkannter Vordenker im Bereich Climate Tech, bringt langjährige Erfahrung in der Politikberatung mit und hat als Volkswirt und Journalist gearbeitet. Bevor er den World Fund mitgründete, war er Director of Communications bei Project A Ventures, Mitgründer des Zetra Projects sowie von Krautreporter. Zuvor war Danijel über fast ein halbes Jahrzehnt mitverantwortlich für den audiovisuellen Auftritt von Bundeskanzlerin Angela Merkel.

Sebastian Lindner-Liaw ist Mitglied des Investmentteams beim World Fund. Mit einem Hintergrund in Maschinenbau und Geowissenschaften konzentriert er sich auf die Zukunft von Energie, Industrie und Mobilität. Er bringt umfassende Erfahrung aus verschiedenen Positionen in Start-ups (Rivian, Croft) sowie in etablierten Unternehmen (BMW, Trek) ein – in Bereichen wie Elektromobilität, Baustoffe und Elektronikfertigung.

Summary:

Europa und Deutschland stehen vor tiefgreifenden geopolitischen, wirtschaftlichen und klimatischen Herausforderungen. Um Resilienz, Autonomie und Wettbewerbsfähigkeit langfristig zu sichern, sind gezielte Investitionen in strategische Industrien und Zukunftstechnologien nötig. Der Ausbau von Climate Deep Tech und Frontier Tech sowie die Mobilisierung privaten Kapitals sind zentral, um Dekarbonisierung, Innovation und wirtschaftliche Souveränität voranzutreiben.

WORLD FUND – UNTERSTÜTZUNG AUF DEM WEG ZU EUROPÄISCHER AUTONOMIE, RESILIENZ UND WETTBEWERBSFÄHIGKEIT

Europa steht an einem entscheidenden Wendepunkt und sieht sich Herausforderungen gegenüber, die sowohl in ihrem Ausmaß als auch in ihrer Dringlichkeit beispiellos sind. Und das Tempo des Wandels beschleunigt sich: digital, durch sofortige globale Informationsflüsse und die weitverbreitete Nutzung von Daten- und KI-Technologien, sowie physisch, durch klimatische Veränderungen, die sich in einer noch nie dagewesenen Geschwindigkeit steigern. Diese Konvergenz treibt tiefgreifende Transformationen in Technologie, Wirtschaft und Kultur voran – und das in einem zunehmend volatilen und unsicheren geopolitischen Umfeld. Mutige Führung und strategische Weitsicht sind daher nicht länger optional, sondern unerlässlich.

Zudem wurde der europäische Kontinent in jüngster Zeit von einer Reihe politischer, wirtschaftlicher und humanitärer Bedrohungen erschüttert, von der Covid-19-Pandemie über die Energiekrise bis hin zur aktuellen Trump-Regierung in den USA. Diese Umstände haben die Resilienz Europas auf die Probe gestellt und seine Abhängigkeiten sowie seine Verwundbarkeit offengelegt. Für Deutschland gilt dies in besonderem

Maße: wegen der starken Abhängigkeit von Energieimporten, einer exportorientierten Wirtschaft und der verzögerten Diversifizierung strategischer Sektoren. Diese Interdependenzen haben sich nun als Quelle der Verwundbarkeit erwiesen und die Notwendigkeit aufgezeigt, eine widerstandsfähigere, digitalisierte und unabhängige Wirtschaft zu schaffen.

Der Übergang zu einer resilienteren Wirtschaft wird allerdings erhebliche finanzielle Ressourcen, Innovation und ein unerschütterliches Bekenntnis zu langfristigen Zielen erfordern. Zu den wesentlichen Hürden zählen erhöhte Unsicherheit, sich verschärfende Finanzierungsbedingungen und unterschiedlich ausgeprägte Fähigkeiten der EU-Mitgliedstaaten, auf Schocks zu reagieren. Ob Europa diese Herausforderung erfolgreich meistern wird, hängt davon ab, ob es die richtigen Rahmenbedingungen schafft, um kritische Investitionen zu schützen und zu fördern. Dies wird koordinierte Maßnahmen und politische Innovation erfordern, um sicherzustellen, dass privates Kapital wirksam in den Aufbau einer klimaresilienten, technologisch wettbewerbsfähigen und sozial inklusiven Zukunft gelenkt wird.

Resilienz neu denken

Zu lange hat Europa auf China für den Handel, auf Russland für Energie und auf die USA für Sicherheit vertraut. Angesichts tiefgreifender Veränderungen im globalen geopolitischen Gefüge muss Europa sich neu behaupten und Resilienz als Eckpfeiler seiner Politik und Strategie verankern. Der wegweisende Draghi-Bericht 2024 hebt das Potenzial Europas hervor, sich an Sicherheits-, Wirtschafts- und technologische Herausforderungen anzupassen und in ihnen erfolgreich zu sein. Gleichzeitig beschreibt er aber auch einen sich verschärfenden globalen Wettbewerb um wirtschaftliche Führungspositionen zwischen den USA, der EU und China, in dem industrielle Kapazität, Innovation und strategische Allianzen die entscheidenden Einflussfaktoren sind. Dieser Wettbewerb unterstreicht die dringende Notwendigkeit für Europa, seine Resilienz durch einen gezielten Fokus auf Politik und Investitionen zu stärken.

Im Kern dieser Herausforderung liegt die Schnittstelle zwischen nationaler Sicherheit und industrieller Kapazität. Eine robuste industrielle Basis ist nicht nur entscheidend für nachhaltiges Wirtschaftswachstum, sondern auch für die Sicherstellung von Autonomie in geopolitischen Drucksituationen. Dies zu erreichen, erfordert jedoch kohärente politische Rahmenbedingungen, die Investitionen im großen Maßstab ermöglichen. Strategische Politik, als Treiber von Vertrauen und Instrument zur Risikominderung, schafft die Grundlage für langfristige Kapitalflüsse und befähigt den privaten Sektor, sich an strategischen nationalen Prioritäten auszurichten.

Deutschland war historisch gesehen lange Zeit eine globale industrielle Führungsmacht mit starken Fertigungskompetenzen in Bereichen wie Chemie, Maschinenbau und Automobilindustrie. Unternehmen wie VW, BASF, Siemens und Bosch sind nach wie vor Marktführer in ihren jeweiligen Branchen. Auch der deutsche Mittelstand spielt eine entscheidende Rolle in der Wirtschaft des Landes und umfasst Millionen kleiner und mittlerer Unternehmen, darunter international renommierte Familienbetriebe wie Viessmann, Trumpf und Miele. Diese Unternehmen verkörpern die Innovationskraft, Resilienz und Exportstärke, für die der Mittelstand weltweit bewundert wird.

In jüngster Zeit jedoch hat Deutschland zu kämpfen. Es ist seit 2018 die am langsamsten wachsende Wirtschaft innerhalb der G7, wobei 2024 das zweite Jahr in Folge sogar ein wirtschaftliches Schrumpfen markierte. Eine Reihe von Faktoren wie die Energiekrise, Exportprobleme und Schwächen in der Produktion haben dazu geführt, dass die traditionellen Industrien Deutschlands Schwierigkeiten haben, auf der globalen Bühne wettbewerbsfähig zu bleiben.

Ein weiterer entscheidender Grund ist das langsame Tempo bei der Einführung von Innovationen und der digitalen Transformation. Während deutsche Hersteller lange Zeit für ihre Ingenieurskunst und industrielle Präzision bewundert wurden, haben viele Mittelständler in Bezug auf die Einführung fortschrittlicher digitaler Technologien wie KI, Cloud-Computing und intelligenter Fertigungssysteme den Anschluss verpasst. Diese technologische Trägheit hat ihre Fähigkeit eingeschränkt, Lieferketten zu modernisieren, Produktionsprozesse zu optimieren und in einem sich rasant verändernden globalen Markt wettbewerbsfähig zu bleiben.

Darüber hinaus werden Innovationsbemühungen durch unzureichende Investitionen in die digitale Infrastruktur sowie einen Mangel an IT-Fachkräften behindert, sodass die deutsche Industrie im Vergleich zu agileren, technologieaffineren Konkurrenten in den USA, China und anderen Teilen Asiens auch in dieser Hinsicht im Nachteil ist. Da die globale Wertschöpfung zunehmend auf der Nutzung digitaler Plattformen und datengesteuerter Dienste basiert, steht die stark fertigungslastige deutsche Wirtschaft vor einer strukturellen Verwundbarkeit, die nicht allein durch traditionelle Stärken behoben werden kann.

Um die globale Wettbewerbsfähigkeit wiederzuerlangen, muss Deutschland erheblich mehr privates Kapital mobilisieren und es in kritische strategische Industrien investieren. Öffentliche Subventionen allein reichen nicht aus, um den notwendigen Wandel in den Bereichen saubere Energie, Halbleiter, grüne Fertigung, digitale Infrastruktur und Wehrtechnik zu bewältigen. Deutschland muss Bedingungen schaffen, die es für Pensionsfonds, Versicherungen und Private-Equity-Gesellschaften attraktiv machen, langfristig in das physische und digitale Rückgrat seiner Wirtschaft zu investieren.

Dies bedeutet in erster Linie, einen klareren Rahmen für industrielle Investitionen zu schaffen, die Kapitalbereitstellung durch intelligentere öffentlich-private Instrumente zu entlasten und regulatorische Hürden abzubauen, die Innovationen behindern. Strategische Investitionen sollten nicht als Staatslenkung verstanden werden, sondern als intelligente Orchestrierung von Marktkräften zur Förderung von Wettbewerbsfähigkeit und Resilienz. Wenn Deutschland die richtigen Rahmenbedingungen für Klima- und Deep-Tech-Kapital schafft, kann es seine Wirtschaft revitalisieren, die europäische Souveränität stärken und den zukünftigen Wohlstand des Kontinents in strategischer Autonomie verankern.

Resilienz und Klima

World Fund ist einer der führenden europäischen Climate-Tech-Venture-Capital-Fonds, der in Technologien mit massivem Dekarbonisierungspotenzial investiert. Das Investitionsmandat des Fonds ist sektorenunabhängig, umfasst jedoch typischerweise Bereiche wie Energie, Industrie, Gebäude, Ernährung, Landwirtschaft und Landnutzung sowie Mobilität. Obwohl World Fund ein Klimafonds ist, überschneidet sich sein Investitionsfokus stark mit dem Thema Resilienz. Der Großteil unserer Investitionen fördert sowohl die tiefgreifende Dekarbonisierung als auch die europäische Widerstandsfähigkeit.

Tatsächlich deckt unser Investitionsmandat 7 der 10 kritischen Technologiebereiche ab, die von der Europäischen Kommission als essenziell für die wirtschaftliche Sicherheit und technologische Souveränität der EU identifiziert wurden[12]. Dazu gehören alle vier Technologiegebiete, die als besonders sensibel und von höchster Priorität für Europa eingestuft wurden: fortschrittliche Halbleiter, künstliche Intelligenz, Quantentechnologien und Biotechnologien. Da diese Technologien ein enormes Dekarbonisierungspotenzial besitzen, hat der World Fund bereits eine Reihe bedeutender Investitionen in diesen Bereichen getätigt.

Neben diesen Technologien haben wir fünf übergeordnete Sektoren identifiziert, die aus unserer Sicht für die strategischen Ziele der EU von entscheidender Bedeutung sind: Energie, Ernährung, Frontier Tech, Verteidigung und Rohstoffe. Von diesen liegt – abgesehen von Dual Use – lediglich der Verteidigungssektor außerhalb unseres Wirkungsbereichs als Klimainvestor.

Die Dekarbonisierung des Energiesektors ist wohl Europas stärkster strategischer Hebel, um Autonomie und Resilienz aufzubauen, da sie gleich drei Ziele erfüllt: die Senkung der Emissionen zur Bewältigung der Klimakrise, die Reduzierung der Kosten zur Steigerung der Wettbewerbsfähigkeit und die Verringerung der langjährigen Abhängigkeit von importierten Energiequellen. Die heimische Erzeugung und Speicherung erneuerbarer Energien sowie deren intelligenter Einsatz und Verteilung können eine entscheidende Rolle sowohl für die Dekarbonisierung als auch für die Energiesouveränität spielen. Saubere Energie reduziert zudem Emissionen in anderen Sektoren, weil sie die essenzielle Stromversorgung für Industrie, Gebäude und Transport liefert. Da die deutsche Wirtschaft stark von energieintensiven Branchen wie Chemie, Stahl und Zement geprägt ist, stellt die Senkung der Energiekosten durch erneuerbare Energien einen enormen wirtschaftlichen Meilenstein zur Verbesserung der globalen Wettbewerbsfähigkeit dar.

Europäische Resilienz erfordert aber auch robuste Ernährungs- und Agrarsektoren, um die Ernährungssicherheit zu gewährleisten. Aus offensichtlichen Gründen ist die Fähigkeit, die Bevölkerung des Kontinents zu ernähren, grundlegend für die Stärke Europas. Da dieser Sektor für rund ein Drittel der Treibhausgasemissionen des Kontinents verantwortlich ist,[13] ist auch hier die Dekarbonisierung zwingend notwendig. Doch trotz seiner Rolle als größter Agri-Food-Exporteur nach Wert weist die EU ein Handelsdefizit bei den wichtigsten Nährwertfaktoren, Kalorien und Proteinen auf[14]. Und auch für einen Großteil ihrer stickstoffbasierten Düngemittel, die eine der kritischsten Komponenten des europäischen Lebensmittelsystems darstellen, ist die EU stark auf Importe aus dem Ausland angewiesen, insbesondere aus Russland[15]. Letztendlich schaffen diese Abhängigkeiten bei Agrarrohstoffen und Betriebsmitteln Verwundbarkeiten, die die Ernährungssicherheit und die Nachhaltigkeitsziele Europas gefährden könnten. Neue Technologien für die Stickstoffdüngerproduktion, alternative Proteine und regenerative Praktiken sind deshalb entscheidende Innovationen, die nicht nur dem Klima zugutekommen, sondern auch ausländische Abhängigkeiten reduzieren und heimische Ressourcen schützen.

Deutschland ist hiervon besonders betroffen, da es über einen der größten Agrarsektoren Europas verfügt, mehr als 50 Prozent der gesamten Landfläche sind landwirtschaftlich genutzt. Zudem ist Deutschland als führender Ammoniakproduzent der EU-27 derzeit immer noch auf importiertes Erdgas angewiesen, das vor allem aus geopolitischen Brennpunkten stammt. Dies macht das Lebensmittelsystem des Landes und damit auch seine wirtschaftliche und soziale Stabilität besonders anfällig für Energie- und Handelsstörungen.

Ein unabhängiges, dekarbonisiertes und digitalisiertes Europa zu schaffen, wird den Einsatz fortschrittlicher Technologien erfordern, die erst beginnen, ihr volles Potenzial zu entfalten. Die Entwicklung von Spitzentechnologien – von künstlicher Intelligenz, Biotechnologie, Fusionsenergie, Robotik, E-Luftfahrt, Raumfahrt bis hin zu Quantencomputing – ist entscheidend, um Europas technologische Resilienz aufzubauen und seine Zukunft zu gestalten. Für Deutschland, ein Land mit maßgeblichem Know-how in der traditionellen Fertigung, ist die Entwicklung der Technologien von morgen essenziell, um auch künftig wettbewerbsfähig zu bleiben. Wird dies versäumt, könnte das die Resilienz deutlich gefährden, wenn die heimische Industrie dadurch ihre Wettbewerbsfähigkeit verliert und die Sicherheit geschwächt wird. Ein offensichtliches Beispiel hierfür ist Quantencomputing, das in der Lage wäre, die heutigen Verschlüsselungsstandards problemlos zu knacken. Sollte ein Land in diesem Wettlauf einen deutlichen Vorsprung erzielen, würde dies eine ernste Bedrohung für die globale Cybersicherheit darstellen und die anderen Staaten anfällig für Angriffe machen.

Darüber hinaus sind kritische Rohstoffe für Europas Resilienz unverzichtbar. Sie haben eine immense wirtschaftliche Bedeutung, bergen aber gleichzeitig erhebliche Risiken aufgrund der potenziellen Gefahr unterbrochener Lieferketten. Diese Problematik zeigte sich beispielsweise 2024 für Northvolt in Schweden, als das Unternehmen über seine Abhängigkeit von chinesischen Lieferketten stolperte. Obwohl Europa weiterhin führend in vielen Technologien der grünen Transformation ist, ist es stark auf importierte Rohstoffe angewiesen, um diese Fortschritte zu sichern. Das macht es anfällig für plötzliche Unterbrechungen der Lieferketten, die letztendlich die grüne Wende gefährden könnten. Deutschland ist hier keine Ausnahme: Schlüsselindustrien wie die Elektrofahrzeug- und Windturbinenproduktion sind besonders auf den Import kritischer Materialien angewiesen und damit anfällig für globale Markt- und geopolitische Schocks.

Der gemeinsame Nenner für den Erfolg in all diesen Bereichen ist der Bedarf an technologischer Innovation. Ohne sie wird es Deutschland unmöglich sein, Energieunabhängigkeit zu erreichen, sein Ernährungssystem zu sichern und ein globaler Vorreiter bei Spitzentechnologien wie Quantencomputing zu werden. Es muss daher, wenn es in dieser neuen Ära wettbewerbsfähig sein will, Kapital in die Forschung und Technologien investieren, die an seinen führenden Universitäten entwickelt werden. Deutschland hat sein industrielles Rückgrat bereits einmal durch Innovation aufgebaut. Es ist an der Zeit, dies erneut zu tun.

Fallstudie: die deutsche Solarindustrie

In den späten 2000er-Jahren verpasste Europa bedeutende Chancen, die den Kontinent widerstandsfähiger gegenüber den heutigen geopolitischen Spannungen gemacht hätten. Ein zentrales Beispiel hierfür ist Deutschlands Verlust seiner frühen Führungsposition im Bereich der erneuerbaren Energien. Der Anteil des aus erneuerbaren Quellen erzeugten Stroms stieg infolge der Einführung des Erneuerbare-Energien-Gesetzes (EEG) von 6,3 Prozent im Jahr 2000 auf 25,4 Prozent im Jahr 2013.[16]

Das EEG war ein großer Erfolg, und mehr als 80 Länder und Regionen übernahmen ähnliche Mechanismen, darunter Spanien, Italien, Frankreich, das Vereinigte Königreich, die USA und China. Es basierte im Wesentlichen auf einem Einspeisevergütungssystem, das die Entwicklung erneuerbarer Energien fördern sollte. Produzenten wurde für den ins Netz eingespeisten Strom ein über dem Marktpreis liegender Festpreis für einen Zeitraum von 20 Jahren garantiert.

In den schnell wachsenden deutschen Wind- und Solarsektoren entstanden damals neue Unternehmen wie Q-Cells, SolarWorld, Conergy und Repower, die auf dem Höhepunkt 2012 rund 400.000 Menschen beschäftigten[17]. Deutschland war die Heimat der weltweit größten und führenden Produzenten von Solarzellen, -modulen, -panelen und Windturbinen. Die Produzenten erneuerbarer Energien begannen, einen erheblichen Teil des Strommarktes zu erobern, wodurch die Marktanteile der traditionellen Energieversorger zurückgingen.

Doch Anfang der 2010er-Jahre sahen etablierte Unternehmen wie RWE, E.ON und EnBW die Rentabilität ihrer konventionellen Kohle-, Gas- und Kernkraftwerke durch diesen Fortschritt bedroht (Merit-Order-Effekt). Durch intensive Lobbybemühungen erreichten sie, dass die deutsche Regierung die Einspeisevergütungen drastisch kürzte und Obergrenzen für die Subventionen einführte. Dies hatte einen abrupten

Rückgang der neu installierten Kapazitäten zur Folge. Die jährlich installierte erneuerbare Leistung, die 2012 mit 9,7 Gigawatt ihren Höhepunkt erreicht hatte, wurde erst ein Jahrzehnt später wieder erreicht[18].

Infolge der Kürzungen meldeten weltweit führende deutsche Solarunternehmen Insolvenz an (Q-Cells und Centrotherm 2012, Conergy 2013 und SolarWorld 2017), und ein Großteil der Technologien wurde an südkoreanische und chinesische Firmen verkauft, einschließlich der geistigen Eigentumsrechte.

Ein Jahrzehnt später, im Bestreben, sich von russischem Gas unabhängig zu machen, investierte Europas Energiesektor erneut massiv in Solarenergie, mit einem Marktwachstum von 40 Prozent im Jahr 2023. Doch anstatt auf heimische Champions zu setzen, ersetzt Deutschland nun eine Abhängigkeit durch die nächste: Photovoltaikimporte aus China. Mehr als 86 Prozent der 2023 nach Deutschland importierten PV-Systeme stammten aus der Volksrepublik[19]. Die heimische Solarproduktion ist nahezu nicht mehr existent. Selbst Importe aus anderen Ländern enthalten chinesische Komponenten, da China global alle Stufen der Wertschöpfungskette dominiert und damit Marktanteile von bis zu 96 Prozent erreicht[20]. Durch das Überfluten des europäischen Marktes mit subventionierten Gütern und die Einschränkung der Lieferung von Materialien, die für die europäische Produktion entscheidend sind, konnte China sich in eine Position bringen, die die europäische Industrie gezielt untergräbt.

Beispiele dafür, dass Deutschland die Führungsposition in einer schnell wachsenden Branche zu leichtfertig aufgegeben hat, lassen sich leider auch in anderen Sektoren finden. Wie bereits angedeutet, droht eine ähnliche Entwicklung in der Windindustrie.

Und auch die Elektromobilität ist gefährdet: Deutsche Automobilhersteller wie Volkswagen, Daimler und BMW brachten Anfang der 2010er-Jahre die technologisch fortschrittlichsten Elektrofahrzeuge auf den Markt, verzögerten jedoch den Verkauf und die Weiterentwicklung, um ihr Geschäft mit Verbrennungsmotoren zu schützen. In der Zwischenzeit haben chinesische Autohersteller, aber auch Tesla, das bis 2014 teilweise im Besitz von Daimler war, Volkswagen, Daimler, BMW und andere europäische Hersteller bei der EV-Technologie überholt. Dieser Wandel stellt eine ernsthafte Herausforderung für die europäische Automobilindustrie dar, die etwa 7 Prozent zum BIP der EU beiträgt und rund 13,8 Millionen Menschen beschäftigt[21].

Doch trotz dieser Entwicklungen gibt es auch positive Aspekte: Dank weltweit führender Forschung und Entwicklung besteht die technologische Führungsrolle europäischer Unternehmen insbesondere in klimarelevanten Bereichen weiterhin, auch wenn der Vorsprung geschrumpft ist[22]. Zu diesen Technologien gehören Batterien, Materialrecycling, Wärmepumpen, serielle Gebäudesanierung, Energiemanagementsysteme für Gebäude, Biomethan, Direct Air Capture und viele weitere.

Die Rolle des Kapitals – Beispiele

In den vergangenen Jahren ist sich Europa der Bedrohung durch externe Abhängigkeiten bei kritischen Ressourcen deutlich stärker bewusst geworden. Dies hat zu einem verstärkten Fokus auf die Förderung von Innovation und Resilienz durch gezielte Kapitalallokation geführt. Programme wie Horizon Europe, der EU-Innovationsfonds und die Aufbau- und Resilienzfazilität (RRF) lenken Milliarden an öffentlichen Mitteln in Forschung, Innovation und Resilienzprojekte.

Auch in Deutschland gibt es ähnliche Bemühungen mit dem Wachstums- und Innovationskapital für Deutschland, der Bundesagentur für Sprunginnovationen (SPRIND) und dem jüngsten Sondervermögen Infrastruktur und Klimaneutralität in Höhe von 500 Milliarden Euro. Trotz dieser großen Anstrengungen reicht öffentliches Kapital allein nicht aus, um die vollständige Finanzierung sicherzustellen, die notwendig ist, um Europas und Deutschlands wirtschaftliche Sicherheit zu gewährleisten. In Deutschland sind Fonds wie der High-Tech Gründerfonds (HTGF) und der DeepTech & Climate Fonds (DTCF) gute Beispiele für große Fonds, die sowohl privates als auch öffentliches Kapital aktivieren.

Das erste Investmentvehikel des World Fund in Höhe von 300 Millionen Euro mobilisiert ebenfalls öffentliche und private Mittel und investiert diese in Start-ups mit hohem Dekarbonisierungspotenzial. Wie bereits erwähnt, investieren wir zwar ausschließlich in Klimatechnologien, doch viele dieser Unternehmen fungieren gleichzeitig in vielfältiger Weise als Resilienztechnologien.

Cylib ist ein hervorragendes Beispiel für diese Überschneidung:

Als Ausgründung der RWTH Aachen verbindet Cylib die hochmoderne Forschung einer führenden deutschen Universität mit traditioneller deutscher Industrieerfahrung. Das Ergebnis ist eine Technologie mit großem Potenzial, die Resilienz Deutschlands und Europas im Bereich kritischer Materialien zu stärken.

Cylib hat dafür ein neuartiges Verfahren zur Wiederaufbereitung von Lithium-Ionen-Batterien entwickelt, das nahezu alle in der Batterie enthaltenen Materialien zurückgewinnt. Da in Europa praktisch keine kritischen Rohstoffe abgebaut oder verarbeitet werden, ist die Rückgewinnung der bereits in Altbatterien aus Elektrofahrzeugen und Produktionsausschuss vorhandenen Materialien von entscheidender Bedeutung. Angesichts der weltweit beschleunigten Elektrifizierung wird die Stärkung der Unabhängigkeit Europas in den Lieferketten für diese essenziellen Materialien zu einer strategischen Priorität.

Eine hardwareabhängige Technologie wie diese auf kommerziellen Maßstab zu bringen, ist keine leichte Aufgabe und erfordert erhebliche Investitionen. Der World Fund investierte Anfang 2023 zunächst in Cylibs Seed Extension, was die Finanzierung der vorindustriellen

Produktionslinie des Unternehmens unterstützte. Diese Investition wurde 2024 durch eine Leadrolle in der Series-A-Finanzierungsrunde in Höhe von 55 Millionen Euro fortgesetzt, zusammen mit Porsche Ventures und der Beteiligung von Bosch Ventures, DTCF, NRW. Venture, Vsquared und weiteren Kapitalgebern. Ohne den erheblichen Anteil an privatem Kapital durch die beteiligten Risikokapitalgeber, Konzerne und Industriepartner hätte die Firma wahrscheinlich nicht überlebt.

Zusätzlich hat Cylib auch öffentliche Mittel aus Zuschüssen erhalten, darunter einen zweistelligen Millionen-Euro-Betrag vom Ministerium für Wirtschaft, Industrie, Klimaschutz und Energie des Landes Nordrhein-Westfalen zur Unterstützung der ersten Produktionsanlage ihrer Art. Diese Kombination von Finanzierungsquellen unterstreicht die notwendige Zusammenarbeit zwischen verschiedenen Kapitalpools, um bahnbrechende Innovationen auf einen kommerziellen Maßstab zu bringen. Sie zeigt auch, dass öffentliches Kapital allein unzureichend ist, um bedeutende Technologien zu entwickeln und auf den Markt zu bringen. Es sind private Investoren nötig, die sich beteiligen, ihre Due Diligence durchführen und die Technologien unterstützen, damit sie das größte Zukunftspotenzial haben. Dies wird dazu beitragen, die Innovationslandschaft zu stärken, um Land und Kontinent mit den Technologien auszustatten, die dafür notwendig sind, im 21. Jahrhundert wettbewerbsfähig zu bleiben.

IQM ist ein weiteres starkes Beispiel für privates Kapital, das die Entwicklung kritischer Technologien unterstützt. Mit Hauptsitz in Finnland und Niederlassungen in ganz Europa (darunter München) ist IQM der europäische Marktführer im Bereich Quantencomputing.

IQM entwickelt vollumfängliche supraleitende Quantencomputer für Hochleistungsrechenzentren, Forschungsinstitute und Unternehmen. Eine Technologie, die das Potenzial hat, die Medikamentenentwicklung, die Materialforschung, die Kryptografie und viele andere Sektoren zu revolutionieren. Sie birgt zudem ein enormes Klimapotenzial: McKinsey schätzt, dass durch Quantentechnologie künftig Fortschritte in Bereichen wie Düngemittel, Zement und Batterietechnologie signifikant beschleunigen werden und bis 2035 jährlich sieben Gigatonnen CO_2 eingespart werden könnten[23].

Diese breit gefächerten Anwendungen bedeuten auch ein enormes wirtschaftliches Potenzial. Laut BCG könnte Quantencomputing 2040 einen Wert von über 850 Milliarden Euro schaffen.[24] Die Führung in diesem technologischen Wettrennen ist daher sektorübergreifend entscheidend, um sicherzustellen, dass Europa in einer Vielzahl von Bereichen wettbewerbsfähig bleibt und seinen Anteil am entstehenden wirtschaftlichen Wert sichern kann.

World Fund führte 2022 die Series-A2-Finanzierungsrunde von IQM in Höhe von 128 Millionen Euro an, mit der Beteiligung von Investoren wie Varma, dem EIC-Fonds, Bayern Kapital und Vsquared sowie einem Venture-Darlehen der Europäischen Investitionsbank in Höhe von 35 Millionen Euro. Damit beläuft sich die Gesamtinvestition bis heute auf 210 Millionen Euro und unterstreicht erneut die Bedeutung privaten Kapitals für die Förderung der Entwicklung solcher Technologien. Denn diese versprechen nicht nur erhebliche Klimavorteile, sondern unterstützen auch Europas Bestreben, in den kommenden Jahren industriell und wirtschaftlich wettbewerbsfähig zu bleiben.

Fazit

Europa steht vor der historischen Aufgabe, seine wirtschaftliche Resilienz, technologische Souveränität und geopolitische Handlungsfähigkeit neu zu definieren – und Deutschland als größte Volkswirtschaft des Kontinents trägt dabei eine besondere Verantwortung. Inmitten globaler Umbrüche ist es essenziell, strategische Industrien zu stärken, Innovationskraft zu mobilisieren und privates Kapital gezielt in ein klima- und zukunftsfähiges Wirtschaftsmodell zu lenken. Investitionen in Deep- und Climate-Tech-Lösungen spielen dabei eine Schlüsselrolle, da sie Dekarbonisierung ermöglichen und gleichzeitig die Widerstandskraft gegenüber externen Abhängigkeiten erhöhen. Damit leisten sie einen entscheidenden Beitrag zur langfristigen Wettbewerbsfähigkeit, Autonomie und Stabilität – wirtschaftlich, ökologisch und sicherheitspolitisch. Die Zukunft Europas und Deutschlands wird dort entschieden, wo Kapital, Technologie und strategische Weitsicht zusammenwirken.

Autor:innen-Profil:

Dr. Hendrik Brandis ist Mitgründer und Partner von Earlybird Venture Capital. Nach seiner Promotion begann er seine Karriere bei McKinsey, bevor er 1997 Earlybird mitgründete. Er gilt als einer der führenden Köpfe der europäischen VC-Szene und begleitet technologiegetriebene Start-ups von der Frühphase bis zum Exit. Sein Fokus liegt auf Deep Tech und nachhaltigem Unternehmertum.

Dr. Frederic du Bois-Reymond ist Partner des Earlybird-X Funds von Earlybird. Nach seiner Promotion in Maschinenbau an der RWTH Aachen war er Co-Founder eines auf die RWTH Aachen fokussierten Micro VCs, bevor er innerhalb von Earlybird-X die Verantwortung für Deep-Tech-Investments mit übernahm.

Summary:

Deep Tech ist kein Buzzword – es ist die Chance für Europa, im globalen Wettlauf um Technologie, Souveränität und Wohlstand mitzuhalten. Doch ohne mutige Investitionen, innovationsfreundliche Rahmenbedingungen und ein neues Denken in Kapital und Politik wird Europa Zuschauer statt Gestalter der Zukunft sein. Jetzt ist der Moment, Deep Tech als Wachstumsmotor zu erkennen – und durch privates Eigenkapital und politischen Willen die Grundlagen für ein innovatives, souveränes Europa zu schaffen.

MUT ZUR ZUKUNFT: WARUM EUROPA JETZT IN DEEP TECH INVESTIEREN MUSS

Deep Tech als Fundament der nächsten industriellen Revolution

Die Geschichte des technologischen Fortschritts ist geprägt von Wellen tiefgreifender Umbrüche: die Mechanisierung durch Dampf, die Elektrifizierung der Industrie, die Digitalisierung durch Mikroprozessoren. Heute stehen wir erneut an einer Schwelle – jener zur nächsten industriellen Revolution, die von wissenschaftlich fundierten Hochtechnologien getragen wird: Deep Tech. Anders als klassische digitale Innovationen, die oft auf bestehender Infrastruktur aufbauen und inkrementelle Verbesserungen ermöglichen, basiert Deep Tech auf fundamentalen Durchbrüchen in der Wissenschaft. Dazu zählen Quantencomputing, künstliche Intelligenz, Robotik, neue Werkstoffe, Biotechnologie, Energieinnovationen und Raumfahrttechnologien. Sie entstehen meist aus intensiver Grundlagenforschung, haben lange Entwicklungszyklen und erfordern ein tiefes Verständnis komplexer Systeme. Doch ihr Potenzial ist gewaltig: Sie sind in der Lage, ganze Industrien neu zu definieren – und dabei sowohl wirtschaftliche als auch gesellschaftliche Paradigmen zu verschieben. Deep Tech ist nicht nur ein

Schlagwort für forschungsnahe Start-ups, sondern eine Denkweise: Probleme werden nicht entlang bestehender Lösungen weiterentwickelt, sondern von physikalischen Prinzipien oder biologischen Mechanismen aus völlig neu gedacht. Die Kommerzialisierung solcher Technologien bringt zwar hohe Risiken mit sich – sie erfordert langes Durchhaltevermögen, technologische Tiefe und ein innovationsfreundliches Umfeld –, aber auch überproportionale Chancen. Denn wer die Kontrolle über Schlüsseltechnologien hat, definiert Märkte, Standards und Abhängigkeiten neu.

Europa hat historisch in Phasen wissenschaftlich getriebener Industrialisierung immer wieder brilliert: die chemische Industrie des 19. Jahrhunderts, die Elektrotechnik der Gründerzeit, der Maschinenbau des 20. Jahrhunderts. Heute bietet sich eine ähnliche Chance – mit Technologien, die unsere Energieversorgung, Mobilität, medizinische Versorgung und Produktionsweise revolutionieren könnten. Damit Deep Tech jedoch zum Fundament einer neuen industriellen Revolution in Europa wird, braucht es mehr als Exzellenz in der Forschung. Es braucht den Übergang vom Labor in den Markt, von der Vision zur Wertschöpfung. Das ist keine rein technologische, sondern vor allem eine strukturelle und politische Aufgabe: Rahmenbedingungen, Kapital, Talente und Narrative müssen so zusammenspielen, dass aus Wissen wirtschaftliche Stärke wird. Diese neue industrielle Revolution wird nicht durch die Skalierung bestehender Plattformen gewonnen, sondern durch das mutige Erschließen technologischer „White Spots". Dort, wo heute noch Unsicherheit herrscht, liegt das größte Transformationspotenzial – für Gesellschaft, Wirtschaft und Umwelt gleichermaßen.

Vom Bankkredit zum Beteiligungskapital – die historische Transformation der Innovationsfinanzierung

Gibt es Kredite auch in mutig?

Bis weit ins 20. Jahrhundert hinein waren oft Geschäftsbanken oder lokale Sparkassen, die durch direkte Kreditvergabe, Beteiligungen oder Netzwerke technologische Pioniere unterstützten, in dem Geschäftsfeld heutiger Venture Capitalists (VCs) aktiv. Namen wie Siemens, Bosch oder Carl Zeiss verdanken ihren frühen Erfolg unter anderem wohlwollenden Bankiers, die nicht nur Kapital, sondern auch Vertrauen und Verbindungen bereitstellten. Beispielsweise wurde Werner von Siemens im 19. Jahrhundert bei der Expansion seines Telegraphenbauunternehmens stark durch die Berliner Disconto-Gesellschaft (heute durch Fusion Deutsche Bank) unterstützt. Auch Robert Bosch erhielt frühzeitig Kreditlinien durch lokale Banken in Stuttgart, die an das technische Talent und die industrielle Relevanz seiner Entwicklungen glaubten. In einem Umfeld ohne ausgeprägten Kapitalmarkt übernahmen Banken quasi die Rolle industrieller Frühinvestoren.

Doch mit der wachsenden Komplexität von Technologien, der zunehmenden Globalisierung und dem steigenden Kapitalbedarf neuer Geschäftsmodelle wurde diese Art der Finanzierung zunehmend schwierig. Banken agieren heute primär als risikobewusste Kreditgeber – mit Fokus auf Bonität und Sicherheiten. Für junge, technologiegetriebene Unternehmen mit unsicherem Geschäftsmodell ist das klassische Bankdarlehen damit kaum noch zugänglich. An diese Stelle ist in vielen Ländern Venture Capital getreten. Entstanden in den USA nach dem Zweiten Weltkrieg, zunächst als Instrument, um universitäre Forschung zu kommerzialisieren (zum Beipsiel durch Stanford), entwickelte sich VC schnell zu einem Katalysator für Technologiewellen:

Halbleiter, Personal Computer, Internet, Biotechnologie – und heute: künstliche Intelligenz und Deep Tech. Unternehmen wie Intel, Apple, Amazon, Genentech oder Google wären ohne frühe VC-Finanzierung kaum möglich gewesen. Und auch in Europa begann ab den 1990er-Jahren ein Wandel. Zwar mit zeitlicher Verzögerung und (immer noch) geringerer Kapitalbasis, aber zunehmend professionalisiert.

Heute übernehmen Venture-Capital-Fonds genau jene Rolle, die früher Banken spielten: Sie finanzieren risikoreiche Ideen mit großem Potenzial. Sie strukturieren komplexe Finanzierungen, beteiligen sich aktiv an Unternehmensentwicklung und fördern disruptive Technologien. Dennoch gibt es Unterschiede. Während Banken historisch oft lokal verwurzelt waren, agieren Venture-Capital-Fonds global, stark wettbewerbsorientiert, thematisch fokussiert und netzwerkbasiert. Sie investieren oft in spezifische Technologiebereiche, bringen internationales Know-how ein und denken in Skalierung, nicht nur in Solvenz. Dieser Paradigmenwechsel ist besonders für Deep Tech entscheidend – denn hier geht es um Visionen, nicht nur um Cashflows. Der institutionelle Wandel von der kreditbasierten zur beteiligungsbasierten Innovationsfinanzierung markiert damit eine der größten strukturellen Veränderungen des Kapitalmarkts im 20. und 21. Jahrhundert. Für Europa bedeutet das: Wer heute Technologiepolitik gestalten will, muss Venture Capital als systemrelevantes Instrument verstehen – und fördern.

Als einer der ersten unabhängigen deutschen Venture-Capital-Investoren im deutschsprachigen Raum (gegründet 1997 in Berlin) hat Earlybird eine ganze Generation von Gründern begleitet – von Consumer-Plattformen über Enterprise-Lösungen bis hin zu wachstumsstarken Technologieunternehmen. Was als Generalist begann, entwickelte sich über die Jahre zu einem differenzierten Multi-Fonds-Modell mit spezialisierten Teams, unter anderem für Digital Tech, Health Tech und seit einigen Jahren auch für Deep Tech. So treibt

Earlybird mit einem eigenen Deep-Tech-Team gezielt die Finanzierung forschungsintensiver Start-ups voran – in enger Zusammenarbeit mit Universitäten, Forschungseinrichtungen und technischen Gründern. Beteiligungen an Unternehmen wie Isar Aerospace, eleQtron oder Greenlyte Carbon Technologies (GCT) unterstreichen den Anspruch, nicht nur Kapitalgeber, sondern strategischer Partner beim Aufbau technologischer Zukunftsfirmen zu sein. Earlybird zählt heute zu den Pionieren der Deep-Tech-Investments in Europa.

Diese Entwicklung ist eingebettet in eine europäische VC-Landschaft, die zunehmend erkennt, dass technologische Souveränität nicht ohne tiefgreifende Innovationsfinanzierung möglich ist. Skandinavische Länder, Frankreich und Großbritannien haben bereits einige starke staatliche Co-Investmentstrukturen etabliert, nun beginnt auch Deutschland, institutionelle Anleger stärker für Venture Capital zu mobilisieren. In diesem Umfeld agiert Earlybird als Brückenbauer zwischen Kapital, Forschung und Unternehmertum – und liefert ein konkretes Beispiel dafür, wie sich europäisches VC weiterentwickeln kann: vom reinen Finanzinvestor zum aktiven Architekten technologischer Zukunft.

Kapital als Beschleuniger von Disruption – wie Beteiligung Innovation entfesselt

Sind Ideen immer Risiko?

Kapital ist weit mehr als ein Finanzierungsinstrument – es ist ein strategischer Hebel, um tiefgreifenden technologischen Wandel überhaupt erst zu ermöglichen. Gerade im Bereich von Deep Tech, wo Entwicklungen oft Jahre bis zur Marktreife benötigen, ist Beteiligungskapital das Rückgrat einer funktionierenden Innovationslandschaft. Klassische Fremdfinanzierung scheitert an langen Amortisationszyklen und unsicheren Geschäftsmodellen. Beteiligungskapital hingegen ist bereit, dort zu investieren, wo Risiken hoch, aber die Hebelwirkung enorm ist. Disruptive Technologien brauchen deshalb nicht nur mutige Gründerinnen und Gründer, sondern ebenso mutiges Investment. Venture Capital hat sich dabei in den letzten Jahrzehnten zur entscheidenden Kraft in der Frühphasenfinanzierung technologischer Innovationen entwickelt. Allerdings ist dieser Sektor in Europa immer noch deutlich schwächer ausgeprägt als in den USA – sowohl in Bezug auf das Volumen als auch auf die Risikobereitschaft. Umso wichtiger sind Fonds, die bereit sind, in komplexe, forschungsbasierte Technologien zu investieren und diese aktiv mitzugestalten.

Beispiele für die wachsende Bedeutung spezialisierter Deep-Tech-Investoren in Europa sind Fonds wie Earlybird, UVC Partners, Vsquared Ventures, Partech, Elaia, AENU oder World Fund. Sie alle setzen gezielt auf technologiegetriebene Geschäftsmodelle mit tiefem wissenschaftlichen Kern. Was bei einigen dieser Fonds als generalistische Investitionsstrategie begann, hat sich inzwischen zu klar fokussierten Deep-Tech-Tracks entwickelt. Durch Beteiligungen an Unternehmen wie Isar Aerospace, Neura Robotics, IQM, Twaice oder Ncodin zeigen diese Fonds, dass Beteiligungskapital nicht nur finanziert, sondern aktiv gestaltet – von der ersten Gründungsphase über das Produkt bis hin zur internationalen Skalierung.

> „Deep Tech ist kein Schnellschuss-Geschäft. Wir investieren, weil wir wissen: Die Technologien, die in fünf bis zehn Jahren Märkte dominieren, werden heute in Laboren und Garagen entwickelt. Wer hier nicht mutig handelt, verliert den Anschluss."
>
> Dr. Fabian Heilemann, AENU.

Beteiligungskapital leistet dabei mehr als die bloße Bereitstellung von Kapital. Es bietet strategische Unterstützung, Zugang zu Netzwerken, internationale Skalierungskompetenz und nicht zuletzt Glaubwürdigkeit gegenüber Partnern, Kunden und Talenten. In einem Umfeld, das durch regulatorische Unsicherheit, hohe technische Komplexität und intensive Konkurrenz geprägt ist, wird VC damit zum Katalysator für nachhaltige Disruption. Denn wenn Europa in der kommenden industriellen Welle nicht nur bestehen, sondern führen will, muss es seine Finanzierungsstrukturen neu denken. Beteiligungskapital ist deshalb längst keine Nische mehr, sondern ein zentraler Baustein wirtschaftlicher Souveränität – insbesondere im Deep-Tech-Segment, wo das Zusammenspiel aus Kapital, Expertise und Vision den Unterschied zwischen Forschungserfolg und Marktrelevanz ausmacht.

Leuchtfeuer europäischer Deep-Tech-Erfolge – was wir aus konkreten Beispielen lernen können

Was treibt Visionäre an?

Theorie und Strategie zeigen den Rahmen – doch es sind konkrete Unternehmen, die das Potenzial von Deep Tech in Europa sichtbar machen. Gerade in den letzten Jahren sind in Europa zahlreiche Start-ups entstanden, die demonstrieren, wie sich wissenschaftliche Tiefe, technologische Ambition und strategisches Kapital verbinden lassen, um globale Herausforderungen zu adressieren. Drei Beispiele zeigen exemplarisch, was möglich ist – und was notwendig bleibt.

Isar Aerospace: Das Münchener Unternehmen entwickelt Trägerraketen für den Satellitenstartmarkt und hat sich in kurzer Zeit zu einem der führenden europäischen New-Space-Player entwickelt. Isar Aerospace zielt darauf ab, kosteneffiziente und flexible Zugangsmöglichkeiten zum All bereitzustellen – ein Schlüsselfaktor für Telekommunikation, Erdbeobachtung und strategische Souveränität. Das

Unternehmen ist ein Paradebeispiel für technologieintensive Hardware-Innovation in Europa, getragen von langfristig orientierten Deep-Tech-Investoren wie UVC Partners, Vsquared und Earlybird. Es zeigt, wie Raumfahrttechnologie mit europäischen Mitteln auf Augenhöhe mit internationalen Wettbewerbern entwickelt werden kann. Sollte Isar Aerospace seine Ziele erreichen, könnte es nicht nur zum Rückgrat einer eigenständigen europäischen Raumfahrtinfrastruktur werden, sondern auch eine neue industrielle Lieferkette schaffen: mit Tausenden hoch qualifizierten Arbeitsplätzen und strategischem Einfluss – ähnlich dem, den einst Unternehmen wie Airbus oder Siemens in ihren Märkten erlangten.

eleQtron: Das Spin-off der Universität Siegen entwickelt Ionenfallen-basierte Quantencomputer mit einem modularen, skalierbaren Ansatz. Im Gegensatz zu anderen globalen Playern setzt eleQtron auf einen europäischen Technologiepfad und verfolgt das Ziel, Quantentechnologie wirtschaftlich nutzbar zu machen. Die Gründer verbinden tiefe physikalische Expertise mit unternehmerischem Gestaltungswillen. Unterstützt von spezialisierten Investoren wie Vsquared Ventures, High-Tech Gründerfonds und weiteren Partnern zeigt eleQtron, dass Deep Tech auch in Bereichen mit enormer Komplexität international konkurrenzfähig gemacht werden kann – wenn Kapital, Forschung und Unternehmertum aufeinander abgestimmt agieren. Gelingt der Durchbruch, könnte eleQtron zum Kristallisationspunkt einer europäischen Quantenindustrie werden, vergleichbar mit der Bedeutung von SAP für Unternehmenssoftware oder Infineon für Halbleiter.

Greenlyte Carbon Technologies: Das Düsseldorfer Start-up entwickelt eine elektrochemische Direct-Air-Capture-Technologie, mit der CO_2 direkt aus der Umgebungsluft abgeschieden und nutzbar gemacht werden kann. Mit einem besonders energieeffizienten Verfahren und Fokus auf industrielle Skalierbarkeit trifft Greenlyte damit den Nerv der Zeit: Klimaschutz durch technologische Innovation. Das

Unternehmen wurde dafür unter anderem durch Frühphasen-Investoren wie Green Generation Fund unterstützt, die gezielt auf klimatechnologische Durchbrüche setzen. Greenlyte zeigt beispielhaft, wie Deep Tech zur Lösung globaler Umweltfragen beitragen kann – vorausgesetzt, es wird frühzeitig in mutige Technologien investiert. Sollte das Unternehmen sein Potenzial entfalten, könnte es den Grundstein für eine neue klimabezogene Leitindustrie in Europa legen: ähnlich wie die chemische Industrie im 20. Jahrhundert, mit globaler Wirkungskraft und erheblichem ökonomischem Hebel.

Auch weitere Unternehmen wie Marvel Fusion, NEURA Robotics und Black Semiconductor stehen exemplarisch für diesen Trend und zeigen die Vielfalt und Tiefe europäischer Deep-Tech-Innovationen. Sie gehören zu einer neuen Generation von Unternehmen, die wissenschaftlich exzellent, technisch ambitioniert, unternehmerisch geführt und mit skalierbarem Geschäftsmodell ausgestattet sind. Sie verdeutlichen zugleich, wie wichtig es ist, entsprechende Finanzierungsstrukturen, regulatorische Rahmen und politische Unterstützung zu etablieren – damit solche Erfolge keine Ausnahme bleiben, sondern künftig die Regel sind.

Ein europäischer Zukunftsplan – was jetzt zu tun ist

Können Investoren auch Langstrecke?

Die Beispiele erfolgreicher Deep-Tech-Unternehmen zeigen das Potenzial, das in Europas wissenschaftlichen und technologischen Kapazitäten steckt. Doch momentan sie sind noch Einzelfälle – oft gegen strukturelle Widerstände gewachsen. Damit aus diesen Pionieren eine breite Bewegung wird, braucht es einen strategischen, koordinierenden und mutigen Zukunftsplan.

Warum genau jetzt? Die Welt ist in Bewegung wie aus europäischer Sicht lange nicht mehr: Geopolitische Machtverschiebungen, technologische Umbrüche und ökologische Herausforderungen schaffen eine neue globale Ordnung. In solchen Phasen entstehen Risse – wirtschaftlich, institutionell, gesellschaftlich. Und in diesen Rissen wachsen neue Pflanzen: Unternehmen, Technologien und Ideen, die vorher kaum Chancen gehabt hätten. Deep-Tech-Start-ups können genau diese Pflanzen sein. Sie haben die Möglichkeit, auf Europas immer noch exzellenter wissenschaftlicher Basis aufzubauen und neue industrielle Wurzeln zu schlagen.

> „Kapital ist in Europa ausreichend vorhanden, aber nur ein Bruchteil fließt in Zukunftstechnologien. Wir brauchen Investoren, die bereit sind, finanzielle Chancen wahrzunehmen, die auch technisches Risiko beinhalten. Und wir brauchen eine Politik, die die regulatorischen Hürden abbaut."
>
> Daniel Višević, Partner World Fund.

Wenn Europa jetzt handelt, kann es nicht nur mitgestalten – sondern vorangehen.

Fünf Handlungsfelder sind dabei entscheidend:

1. Europa braucht mehr und stärker spezialisiertes Beteiligungskapital für Deep Tech. Dazu gehören große, langfristig angelegte Fondsstrukturen ebenso wie gezielte Co-Investmentplattformen, an denen sich öffentliche Akteure beteiligen. Institutionelle Anleger wie Pensionskassen und Versicherungen sollten durch regulatorische Anreize für Investitionen in Deep-Tech-VCs gewonnen werden. Zudem braucht es steuerliche Erleichterungen für Kapitalbeteiligungen an forschungsbasierten Start-ups.

2. Viele Deep-Tech-Innovationen scheitern nicht an der Technik, sondern an bürokratischen Hürden. Europa braucht regulatorische Freiräume: etwa in Form von „Regulatory Sandboxes", beschleunigten Genehmigungsverfahren, technologieoffenen Standards und Feingefühl beim Thema Datenschutz. Eine Harmonisierung des Binnenmarkts – insbesondere im Bereich Daten, KI, Energie und Gesundheit – ist ebenso essenziell, um Skaleneffekte zu ermöglichen.
3. Deep Tech beginnt bei Menschen: in Forschungslaboren, Hörsälen, Werkstätten. MINT-Ausbildung, duale Studiengänge im Technologiebereich und gezielte Gründerprogramme an Universitäten müssen deshalb massiv ausgebaut werden, um den Unternehmergeist von Wissenschaftler:innen zu wecken.
4. Der Übergang von der Forschung zur Anwendung ist eine der größten Schwachstellen in Europa. Es braucht deshalb dringend mehr institutionalisierte Brücken: etwa in Form von Deep-Tech-Inkubatoren, Technologietransferzentren, öffentlich geförderten Acceleratoren oder Entrepreneur-in-Residence-Programmen an Hochschulen. Patentrechte und geistiges Eigentum müssen gründungsfreundlich ausgestaltet und Forschungsprojekte für den Transfer ausgelegt sein.
5. Die öffentliche Hand kann über Beschaffung aktiv Innovationen anstoßen. Öffentliche Ausschreibungen sollten daher stärker technologieoffen und zukunftsorientiert formuliert werden. Pilotprojekte in Bereichen wie Mobilität, Energie, Verteidigung oder Gesundheit können Deep-Tech-Lösungen früh in reale Anwendungen bringen – und deren Skalierung beschleunigen.

Ein solcher Zukunftsplan ist keine rein technokratische Maßnahme, sondern eine politische und gesellschaftliche Weichenstellung. Ergänzend sollte demzufolge geprüft werden, wie staatliche Absicherungsmechanismen – analog zu bestehenden und bewiesenen Modellen – für Investitionen in Deep-Tech-Venture-Capital-Fonds adaptiert werden können. Diese Idee verfolgt das Ziel, institutionellen Investoren wie Versicherungen oder Pensionskassen den Einstieg in risikoreichere, aber strategisch relevante Anlageklassen zu erleichtern. Eine staatliche Teilabsicherung von Verlustrisiken – beispielsweise über ein First-Loss-Prinzip – könnte die notwendige Risikobrücke schlagen, um privates Kapital in sicherheitsorientierten Institutionen für technologische Transformation zu aktivieren. Frankreich (BPI France) oder Großbritannien (British Patient Capital) zeigen mit öffentlichen Dachfonds und Garantieprogrammen, dass solche Instrumente sowohl marktkompatibel als auch wirksam sein können. Für Europa wäre ein eigenes Absicherungsmodell deshalb ein entscheidender Baustein, um Finanzierungsbreite und -tiefe zugleich zu erreichen. Europa muss bereit sein, Risiko als Teil von Fortschritt zu verstehen und Pioniere als strategische Partner zu sehen. Denn die nächsten Jahre werden darüber entscheiden, ob Deep Tech in Europa flächendeckend Wurzeln schlägt und nachhaltig die wirtschaftliche Landschaft prägt – oder ob es bei ambitionierten Einzelbeispielen bleibt, die im Zweifel aufgrund des unzureichenden Umfelds, wie fehlenden Finanzierungsmöglichkeiten, auch noch abwandern. Jetzt ist der Moment, aus Potenzial Struktur zu machen – und aus Struktur Zukunft.

Autor:innen-Profil:

Hubertus Theile-Ochel ist Managing Partner bei Golding Capital Partners und Mitglied im Vorstand des Bundesverbands Beteiligungskapital (BVK). Er verantwortet den Bereich Institutionelle Investorenbeziehungen und engagiert sich für die strategische Weiterentwicklung des Beteiligungskapitalmarkts – mit besonderem Fokus auf Nachhaltigkeit und Impact Investing.

Dr. Andreas Nilsson ist Head of Impact Investing bei Golding Capital Partners. Er gründete zuvor den Private-Equity-Dachfonds Sonanz und gilt als einer der Pioniere im Bereich Impact Private Equity.

Christian Schütz ist Head of Sustainable Investing bei Golding Capital Partners. Er bringt langjährige Erfahrung in Investmentanalyse, Nachhaltigkeitsmanagement, ESG-Integration und Regulatorik mit.

Summary:

Private Equity Impact Investing wird zum strategischen Hebel für Transformation. Institutionelle Investoren können mit strukturierten Ansätzen und gezielter Steuerung Wirkung entfalten – ökologisch, sozial und wirtschaftlich tragfähig. Entscheidend ist, Kapital entlang klarer Wirkungslogik, erwartbarer Marktwendepunkte und regulatorischer Anschlussfähigkeit zu mobilisieren.

VOM ANSPRUCH ZUR UMSETZUNG: IMPACT INVESTING

Wie institutionelles Kapital Wirkung entfalten kann – und warum Beteiligungskapital zum strategischen Schlüssel für Transformation wird

Jetzt ist der Moment

Die Welt wandelt sich – und mit ihr die Rolle von Kapital. Institutionellen Investoren bietet sich heute nicht nur die Möglichkeit, verlässlich Rendite zu erwirtschaften. Sie können gleichzeitig zur Lösung gesellschaftlicher Herausforderungen beitragen. ESG-Checklisten und freiwillige Ausschlüsse reichen dafür aber nicht aus. Es braucht Kapital, das gezielt, messbar und wirkungsvoll eingesetzt wird.

Das sogenannte Impact Investing, also wirkungsorientiertes Investieren, ist längst kein Nischenthema mehr. Laut dem Global Impact Investing Network (GIIN) beträgt das globale Marktvolumen aktuell 1,6 Billionen US-Dollar – mit durchschnittlich über 30 Prozent jährlichem Wachstum. Und auch in Deutschland wächst der Markt. Über 100 Milliarden Euro an Impact-bezogenen Assets werden hierzulande verwaltet, ein Drittel davon in den Private Markets. Doch mit der Professionalisierung steigt auch der Anspruch, dass Wirkung nicht bloß kommuniziert, sondern belegt, gesteuert und skalierbar gemacht werden soll. Dabei zeigt sich ein zentrales Prinzip: Wirkung entsteht nicht durch Absicht allein – sie braucht Struktur, Methodik und Umsetzungskompetenz.

Mehr als ESG

Wirkungsorientiertes Investieren beginnt mit einer zentralen Frage: Was will ich mit meinem Kapital bewirken? Ziel ist es nicht nur, Risiken zu mindern, sondern aktiv Chancen zu gestalten. Der entscheidende Unterschied zu klassischen ESG-Strategien liegt dabei im Anspruch, gezielt in Unternehmen, Technologien und Lösungen zu investieren, die eine nachweisbar positive Wirkung erzielen – zusätzlich zur finanziellen Rendite.

Die Abgrenzung zu verwandten Konzepten wie nachhaltigem Investieren oder Philanthropie ist dabei fließend. So nimmt der ESG-Ansatz in erster Linie die Reduzierung von Risiken oder negativen Auswirkungen in den Blick, während Philanthropie überhaupt keine wirtschaftliche Gegenleistung erwartet. Im Gegensatz dazu sucht Impact Investing bewusst die Schnittmenge von Wirkung und wirtschaftlicher Tragfähigkeit – mit dem Ziel, Transformation investierbar zu machen: faktenbasiert, strategisch, unternehmerisch.

Die vier Prinzipien des Impact Investing

Internationale Rahmenwerke wie das GIIN, die Operating Principles for Impact Management (OPIM), die International Finance Corporation (IFC) sowie die laufende EU-Debatte zur Überarbeitung der Sustainable Finance Disclosure Regulation (SFDR) formulieren vier zentrale Prinzipien für glaubwürdiges Impact Investing:

1. **Wirkungsabsicht:** Wirkung ist kein Nebeneffekt, sondern explizites Ziel der Investition.
2. **Messbarkeit:** Wirkung muss anhand klarer KPIs, Benchmarks oder qualitativer Analysen nachgewiesen werden.
3. **Steuerung:** Wirkung wird nicht nur beobachtet, sondern durch aktives Management begleitet.
4. **Transparenz:** Investoren berichten strukturiert und regelmäßig über erreichte Wirkungsziele.

Diese Prinzipien schaffen Orientierung und helfen, zwischen echter Wirkung und bloßem Anspruch zu unterscheiden. Sie bieten damit eine verlässliche Grundlage für die Einordnung unterschiedlicher Strategien und bilden so das Fundament für eine Investmentstrategie mit System.

Wirkung ist kein Ort – sie ist ein Weg

Wirkung entsteht nicht nur in klassischen Impact-Sektoren wie Bildung, Gesundheit oder Mikrofinanzierung. Sie zeigt sich auch in transformierenden Geschäftsmodellen etablierter Industrien. Etwa in einem KI-basierten Sprühsystem, das sowohl Pestizide reduziert als auch den landwirtschaftlichen Ertrag erhöht, oder in einem Werkstoffunternehmen, das biologisch abbaubare Verpackungen marktreif macht. Solche Lösungen liegen oft im Übergangsbereich zwischen klassischem Impact und nachhaltiger Transformation. Entscheidend ist, ob sie den Sprung aus der Nische schaffen und ökologisch oder sozial relevante Wirkung mit wirtschaftlicher Skalierbarkeit verbinden.

Genau an dieser Schnittstelle entstehen sogenannte Marktwendepunkte: technologische oder gesellschaftliche Wendepunkte, an denen das Potenzial einer Innovation zu einem konkreten Marktvorteil wird.

Sie markieren also den Moment, in dem eine Lösung nicht nur funktioniert, sondern ökonomisch tragfähig und strukturell anschlussfähig wird – weil sich Skaleneffekte zeigen, regulatorische Bedingungen anpassen oder die gesellschaftliche Nachfrage stark steigt.

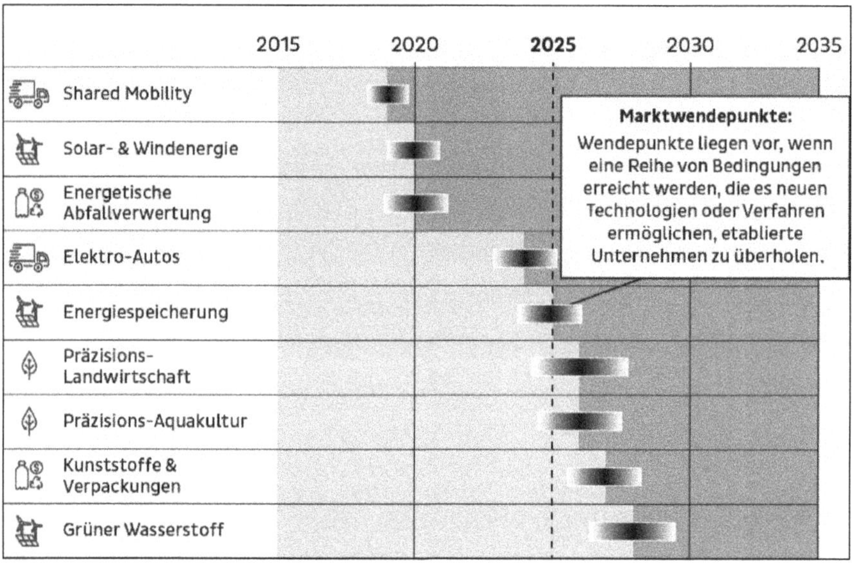

Quelle: Golding Research, 2025

Investieren entlang von Wendepunkten

Beispiele lassen sich in zahlreichen Sektoren finden. Bei Batteriespeichern oder elektrifizierter Mobilität sind beispielsweise bereits signifikante Schwellenwerte erreicht: Durch sinkende Kosten, starke Investitionen und gestiegene Nutzerakzeptanz. Und in der industriellen Fertigung eröffnen neue Werkstoffe und Kreislaufkonzepte Tag für Tag bessere Chancen für CO_2-arme Lieferketten. Nicht zuletzt steht auch grüner Wasserstoff vor einem zukünftigen Wendepunkt – mit wachsenden Anwendungsfeldern, aber bislang begrenzter Skalierung. Ein zielgerichteter Kapitaleinsatz in dieser Phase könnte nicht nur wirtschaftliche Rendite erschließen, sondern entscheidend zur Marktreife nachhaltiger Technologien beitragen und damit Impact erzeugen.

Darüber hinaus mehren sich auch im Klimatechnologiesektor die Anzeichen für strukturelle Wendepunkte. So liegt der Anteil entsprechender Private-Equity-Transaktionen trotz der politischen Unsicherheiten in den USA weiterhin bei rund 8 Prozent weltweit. Zum Vergleich: Vor zehn Jahren war es nur etwa 1 Prozent. Laut aktueller Umfragen planen zudem rund 72 Prozent der institutionellen Investoren, ihre Allokation im Bereich Klimatechnologien weiter auszubauen – ein deutliches Signal für die strategische Relevanz dieses Segments.

Impact braucht Struktur

Wirkung lässt sich nicht improvisieren. Um Impact systematisch zu erzielen und zu steuern, braucht es einen strukturierten Ansatz, der bereits bei der Zieldefinition beginnt. Ein moderner Impact-Pfad verbindet alle relevanten Elemente: Die strategische Wirkungsabsicht (Theory of Change), die Auswahl geeigneter Sektoren und Geschäftsmodelle, die Integration klarer Impact-Thesen und die Operationalisierung durch belastbare KPIs. So entsteht ein konsistenter Wirkungsrahmen – anschlussfähig an Regulierung und belastbar im institutionellen Alltag.

Ein wirkungsorientierter Investmentprozess berücksichtigt dabei sowohl vergangenheitsbasierte Kennzahlen, etwa CO_2-Einsparungen oder Ressourceneffizienz, als auch zukunftsgerichtete Potenziale. Besonders relevant ist für Klimainvestments in diesem Zusammenhang das sogenannte Emissionsvermeidungspotenzial (EVP): eine Methodik, die aufzeigt, wie viele Emissionen durch die Skalierung eines Geschäftsmodells perspektivisch vermieden werden könnten. Ergänzt um Indikatoren zu finanzieller Inklusion oder der Arbeitsplatzqualität kann sich daraus ein umfassendes Wirkungsprofil ergeben.

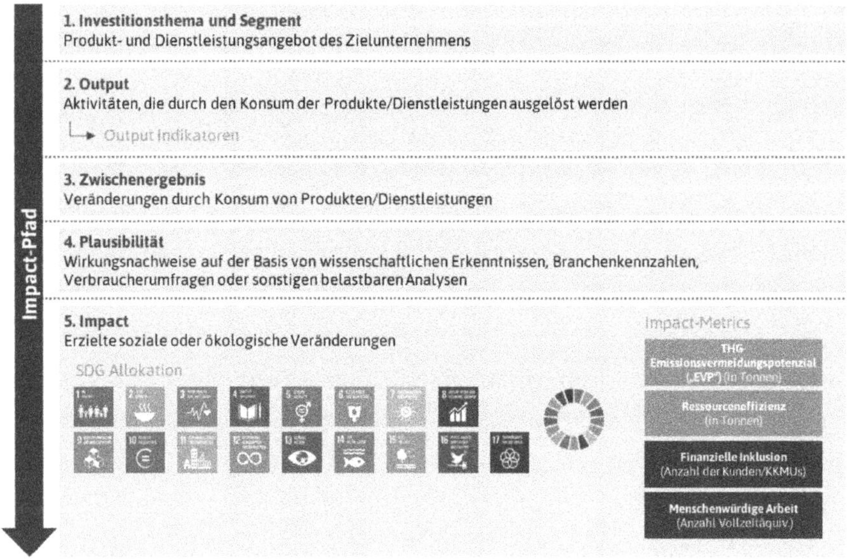

Quelle: Golding Capital Partners

Messen, was zählt

Entscheidend ist nicht nur, *ob* gemessen wird, sondern auch, *wie*. Wirkungsmessung darf sich deshalb nicht allein auf verfügbare Daten beschränken, sondern muss sich an der Relevanz der Kennzahlen orientieren. Emissionsvermeidungspotenzial, Ressourceneffizienz, finanzielle Inklusion und menschenwürdige Arbeit bilden dabei tragende Säulen vieler wirkungsorientierter Strategien. Denn erst durch die Verbindung klassischer Metriken mit zukunftsgerichteten Perspektiven entsteht eine Brücke von rückblickenden Analysen zur vorausschauenden Steuerung. So wird Wirkung nicht nur sichtbar, sondern auch gestaltbar. Darüber hinaus hilft ein solcher Ansatz, Wirkung realistisch einzuordnen und Investitionsentscheidungen an den Hebelpunkten ökologischer oder sozialer Transformation auszurichten.

Globale Wirkung – europäisch anschlussfähig

Viele Innovationsführer agieren nicht in der EU, sondern etwa in den USA oder in schnell wachsenden Märkten in Asien, Lateinamerika oder Afrika. Das stellt Investoren vor eine Herausforderung: Wie lassen sich wirkungsorientierte Anlagen außerhalb der EU mit europäischen Vorgaben synchronisieren? Ein professioneller Impact-Ansatz kann diese Lücke durch detaillierte Prozesse schließen. Hier gibt momentan insbesondere die SFDR und darin vor allem das Konzept der nachhaltigen Investitionen nach Artikel 9 den Rahmen vor. Mit der SFDR setzte die Regulierung in Europa das Rahmenwerk zu Transparenz und Offenlegung bei Finanzprodukten. Neben der Klassifizierung nach Artikel 8, wo es in erster Linie um eine Beschreibung der Merkmale zu Umwelt- und Sozial-Aspekten geht, die von Finanzprodukten angestrebt werden, legt die Regulierung mit Artikel 9 aktuell die Messlatte am höchsten an. Finanzprodukte, die im Sinne der SFDR als Artikel-9-Strategien eingestuft sind, formulieren das klare Ziel, „nachhaltige Investitionen" anzustreben.

Werden Wirkungslogik, Berichtssysteme und ESG-Standards von Zielfonds außerhalb der EU mit den Anforderungen der europäischen Offenlegungsverordnung systematisch abgeglichen, eventuelle Lücken geschlossen und dies dokumentiert, entsteht eine regulatorische Anschlussfähigkeit – auch für globale Investitionen –, ohne die inhaltliche Substanz wirkungsorientierter Strategien zu verwässern.

Impact braucht demzufolge Offenheit für Märkte, Methoden und Innovationen. Entscheidend ist nicht, wo Wirkung entsteht, sondern wie sie strukturiert, gesteuert und dokumentiert wird. Das gilt im Übrigen nicht nur für globale Märkte, sondern auch für spezifische Asset-Klassen mit besonderer Nähe zu Impact, etwa die Infrastruktur.

Wirkung mit System

Infrastrukturprojekte gelten oft als inhärent wirkungsvoll, schließlich bedienen sie grundlegende gesellschaftliche Bedürfnisse wie Energie, Mobilität oder Bildung. Doch Wirkung durch Investitionen ist keine Eigenschaft per se. Sie entsteht nur, wenn sie klar beabsichtigt, strukturiert geplant und systematisch gesteuert wird.

Gerade in der Infrastruktur – mit langen Projektzyklen, vielfältigen Stakeholdern und regulatorischen Schnittstellen – ist Impact eben kein Automatismus, sondern das Ergebnis einer konsequenten Wirkungslogik. Das aktuelle Positionspapier „Impact Investing in Infrastructure" des Bundesverbands Alternative Investments e. V. (BAI) und der Bundesinitiative Impact Investing e. V. (BIII) unterstreicht deshalb, dass Intentionalität der entscheidende Unterschied zwischen ESG und echtem Impact Investing ist. Ohne strategisches Ziel, belastbare Wirkungs-Pfade und transparente Messung bleibt Wirkung zufällig – und schwer anschlussfähig.

Wie bereits dargelegt, gilt: Wirkung muss aktiv gesteuert, nachvollziehbar gemessen und strategisch begleitet werden. Nur so wird aus gesellschaftlicher Relevanz eine belastbare Investitionsstrategie – anschlussfähig für SFDR, wirkungsvoll im Markt.

Auswählen, begleiten, wirken

Die zentrale Verantwortung für wirkungsorientierte Investments liegt aber nicht nur bei den Kapitalgebern, sondern auch bei den Fondsmanagern, den sogenannten General Partners (GPs). Sie sind die operative Schaltstelle zwischen Kapital und Realwirtschaft. Sie entscheiden, in welche Unternehmen investiert wird, welche Entwicklungsimpulse gesetzt werden – und wie sich Wirkung tatsächlich entfaltet.

Ein wirkungsvoller Impact-Investing-Ansatz endet deshalb nicht mit der Auswahl geeigneter Fonds. Entscheidend ist die Fähigkeit, Fondsmanager nicht nur anhand klassischer Finanzkennzahlen oder ESG-Kriterien zu bewerten, sondern ihre Wirkungskompetenz strukturiert zu analysieren – und im Bedarfsfall gemeinsam weiterzuentwickeln. Die Grundlage dafür bildet eine fundierte Impact-Due-Diligence. Sie erfasst nicht nur die strategische Ausrichtung eines Fonds, sondern prüft auch, wie Wirkung geplant, gesteuert, dokumentiert und kommuniziert wird.

Doch Analyse allein reicht nicht aus: Wirkung braucht Begleitung. Der Aufbau wirksamer Strategien gelingt deshalb am besten in enger Kooperation – beispielsweise durch methodische Unterstützung, gemeinsame Messindikatorenentwicklung, transparente Reporting-Strukturen oder gezielten Kapazitätsaufbau bei Fondsmanagern. Vor allem spezialisierte GPs in den Bereichen Klimatechnologie, finanzielle Inklusion, Bildung und Gesundheit zeigen sich offen für diesen strukturierten Dialog – und profitieren davon sowohl regulatorisch als auch inhaltlich.

Zwei Praxisbeispiele zeigen, wie diese Partnerschaften konkret Wirkung entfalten können:

- **Agrartechnologie:** Gemeinsam mit dem beteiligten Fondsmanager wurde ein indikatorenbasiertes Wirkungsmodell entwickelt, das den Einsatz von KI bei der Reduktion von Pestiziden transparent und vergleichbar macht. Die Wirkung – eine signifikante Senkung umweltbelastender Chemikalien – wurde nicht nur qualitativ beschrieben, sondern mit messbaren Kennzahlen belegt. Grundlage war ein strukturierter Kennzahlenrahmen, der als Basis für regulatorisches Reporting dient und gleichzeitig strategische Steuerung ermöglicht.
- **Kreislaufwirtschaft:** Durch unser Best-Practice-Sharing wurde ein US-Fondsmanager dabei unterstützt, den ökologischen Nutzen

der Produktinnovation eines mittelständischen amerikanischen Verpackungsunternehmens – die Substitution konventioneller Kunststoffverpackungen durch Produkte aus holzfreiem landwirtschaftlichem Zellstoff – strukturiert zu erfassen. Mithilfe eines konsistenten Wirkungsmodells konnte nicht nur die Berichtsfähigkeit gegenüber Investoren verbessert, sondern auch die Anschlussfähigkeit an Nachhaltigkeitsanforderungen entlang der Lieferkette gestärkt werden.

Diese Beispiele zeigen: Wirkung entsteht nicht automatisch durch Kapitalzufluss. Sie entsteht, wenn Ziel, Steuerung und Umsetzung ineinandergreifen – und wenn Investoren bereit sind, ihre Partner über die gesamte Laufzeit hinweg aktiv zu begleiten.

Beispiel aus Deutschland: Klimaschutz aus Hanau

Ein greifbares Beispiel für die Verbindung von wirtschaftlicher Substanz und ökologischer Wirkung bietet das Traditionsunternehmen Vacuumschmelze (VAC) aus Hanau. VAC produziert Hochleistungsmagnete, die in Elektromobilität, Ladeinfrastruktur und Windkraftanlagen zum Einsatz kommen. Diese Komponenten sind zentrale Bausteine der Energiewende – denn ohne sie lassen sich Elektromotoren sowie Wind- und Solaranlagen weder effizient betreiben noch zuverlässig skalieren.

Das gezielte Private-Equity-Investment eines international aufgestellten Impact-Fonds unterstützte das Unternehmen dabei, seine Produktionskapazitäten auszubauen und neue Märkte zu erschließen. VAC ist heute einer der führenden westlichen Hersteller hochentwickelter Magnetlösungen. Allein mit permanenten Magneten für die Elektromobilität hat VAC das Potenzial, in den kommenden fünf Jahren zum Abbau einer Gigatonne CO_2-Äquivalente beizutragen.

Elektromobilität: ein Schritt in Richtung Klimaschutz

Foto: iStock / veeranggull orachon

Der Erfolg solcher Investitionen basiert auf drei strategischen Faktoren: Nachhaltige Technologien entfalten ihre Wirkung dann, wenn sie preislich wettbewerbsfähig sind, sich schnell skalieren lassen und große, relevante Märkte adressieren. VAC erfüllt genau diese Kriterien – wirtschaftlich wie ökologisch – und zeigt exemplarisch, wie Climate Tech als Wachstumstreiber und Klimaschutzhebel zugleich funktionieren kann. So entsteht durch das Zusammenwirken von technologischer Schlüsselkompetenz, industriellem Know-how und strategischem Kapital Klimaschutz mit industrieller Tiefe.

Zukunft finanzieren – in und für Deutschland

Unsere Volkswirtschaft steht vor strukturellen Herausforderungen: Klimawandel, künstliche Intelligenz, demografischer Wandel und geopolitische Resilienz verlangen neue Denkweisen – und neue Investitionsstrategien. Transformation braucht deshalb Kapital, das über kurzfristige Liquidität hinausgeht: unternehmerisch, langfristig, wirkungsorientiert.

Beteiligungskapital kann genau hier gezielt Impulse setzen – etwa für klimarelevante Technologien, digitale Infrastrukturen oder sozial nachhaltige Sektoren wie Pflege oder Bildung. Denn gerade im Mittelstand, dem Rückgrat der deutschen Wirtschaft, fehlt es nicht an Ideen, sondern oft an Kapital, langem Atem und strategischer Geduld.

Ähnlich wie in früheren Phasen industriellen und gesellschaftlichen Wandels braucht es heute Kapital, das nicht nur kurzfristige Renditeziele verfolgt, sondern langfristige Erneuerung ermöglicht – mit Weitblick und struktureller Wirkung. Impact Investing bietet dafür den strategischen Rahmen. Es verbindet wirtschaftliche Tragfähigkeit mit der Fähigkeit, gesellschaftlichen Wandel gezielt zu finanzieren – nicht als Gegensätze, sondern als wechselseitige Verstärker.

Mehr als Kapital

In Deutschland sind laut BIII aktuell rund 100 Milliarden Euro in wirkungsorientierten Strategien angelegt. Eine beachtliche Zahl – doch angesichts des nötigen Transformationsbedarfs nur ein Anfang. Was fehlt, ist ein funktionierendes Ökosystem: mit klaren Zugängen, sinnvollen Anreizen, verlässlichen Regeln und einem besseren Zusammenspiel von Markt, Politik und Aufsicht.

Verbände spielen deshalb eine zentrale Rolle, um Impact Investing strukturell im Markt zu verankern. So engagiert sich Golding beispielsweise aktiv auf nationaler Ebene – unter anderem im Bundesverband Beteiligungskapital (BVK), der sich zunehmend in die politische Debatte einbringt, im BAI und in der BIII. Auf europäischer Ebene ist Golding im Dachverband Invest Europe vertreten, um strategische Vorschläge zur Weiterentwicklung regulatorischer Standards einzubringen – etwa im Rahmen der SFDR-Überarbeitung. Denn Wirkung entsteht nicht allein durch Kapitalallokation, sondern durch die institutionellen und politischen Rahmenbedingungen, die sie möglich machen.

Ein pragmatischer Vorschlag

Eine freiwillige Zielquote für wirkungsorientierte Strategien – etwa analog zur neuen Infrastrukturquote – könnte ein klares Signal setzen: Wirkung gehört ins Zentrum professioneller Kapitalsteuerung. Nicht als regulatorischer Zwang, sondern als strategische Orientierung, die es institutionellen Investoren erlaubt, Wirkung systematisch in ihre Allokationslogik zu integrieren. Ein solcher Schritt würde nicht nur privates Kapital mobilisieren, sondern auch regulatorisch anschlussfähige Investitionsstrategien fördern. Die nötige Grundlage dafür ist in greifbarer Nähe: Eine aktuelle Initiative einer europäischen Multi-Stakeholder-Taskforce – unterstützt unter anderem vom BAI und der BIII – schlägt zur Orientierung die Einführung einer EU-Leitlinie für Impact Investing vor (Download: https://bundesinitiative-impact-investing.org/publikationen/). Ziel ist es, im Rahmen der anstehenden Überarbeitung der SFDR eine prinzipienbasierte Orientierung zu schaffen, die Wirkung klarer definiert, aber dabei offen bleibt für Marktvielfalt und Innovation.

Der Vorschlag orientiert sich an international etablierten Standards wie der GIIN-Logik und benennt vier Kernelemente: eine explizite Wirkungsabsicht, nachweisbare Beiträge über definierte KPIs, aktives Wirkungsmanagement sowie transparente Berichterstattung. Diese Leitplanken schaffen eine klare Abgrenzung zu allgemeinen ESG-Ansätzen – und bieten dabei auch jenseits klassischer Fondsstrukturen eine hohe Anschlussfähigkeit.

Der politische Zeitpunkt ist günstig. Noch ist das regulatorische Fenster offen, bevor sich der Rahmen durch die SFDR 2.0 verengt. Eine

EU-Kommissionsempfehlung könnte zudem schon jetzt Orientierung geben, ohne in laufende Prozesse einzugreifen – ähnlich wie zuletzt im Bereich Transition Finance. Und der Bedarf im Markt ist vorhanden: Aktuellen Umfragen zufolge planen viele institutionelle Anleger, ihre Allokation in Impact-Strategien deutlich auszubauen – nicht zuletzt, weil diese zunehmend als dritte Säule neben ESG-Strategien und generalistischen Private-Equity-Strategien verstanden werden. Die vorgeschlagene Leitlinie ist also kein Selbstzweck, sondern ein strategischer Schritt in Richtung Marktreife. Sie schafft Sichtbarkeit, Vergleichbarkeit und Skalierbarkeit, ohne Innovationskraft zu beschneiden. Entscheidend ist jetzt, dass sich Investoren, Verbände und Marktakteure aktiv einbringen. Denn je breiter die Mitgestaltung, desto tragfähiger wird der Rahmen – für einen Kapitalmarkt, der Verantwortung und Rendite zusammen denkt.

Der richtige Zeitpunkt

Beteiligungskapital ist kein Spekulationsvehikel. Es ist ein strategisches Instrument für Innovation, industrielle Erneuerung und gesellschaftliche Resilienz. Impact Investing war lange ein Impuls an den Rändern der Märkte. Heute ist es eine professionelle Antwort auf eine Welt im Wandel – anschlussfähig für institutionelle Portfolios, relevant für die Realwirtschaft, wirksam für zentrale Herausforderungen. Wer heute investiert, investiert nicht nur in neue Märkte, sondern in bessere Antworten: für Deutschland. Für Europa. Für kommende Generationen. Denn Zukunft wird nicht nur gemacht, sie wird finanziert – durch Kapital, das Wirkung erkennt, steuert und verstärkt.

Autor:innen-Profil:

Stefan Wintels ist seit Oktober 2021 Vorstandsvorsitzender der staatlichen Förderbank KfW Bankengruppe. Die KfW ist eine der größten Förderbanken der Welt und verfügt über gut 80 Standorte weltweit. Wintels ist außerdem Aufsichtsratsvorsitzender von KfW Capital GmbH & Co. KG sowie Mitglied der Aufsichtsräte der Deutschen Telekom AG sowie der DHL Group. Darüber hinaus ist er in verschiedenen Funktionen ehrenamtlich tätig.

Summary:

Deutschland steht vor der Herausforderung, sich als wettbewerbsfähiger Standort neu zu erfinden – dies bietet aber auch Chancen. Eine starke Eigenkapitalkultur ist entscheidend, um Investitionen in Digitalisierung, Klimaschutz und Infrastruktur zu finanzieren. Sie ist der zentrale Hebel, um Unternehmen zu unterstützen, Innovationskraft zu fördern und die wirtschaftliche Resilienz zu stärken. Die KfW spielt dabei eine Schlüsselrolle, indem sie private und öffentliche Investoren zusammenbringt und strategische Initiativen vorantreibt.

MEHR ZUKUNFT WAGEN – WIE EINE EIGENKAPITALKULTUR UNSER LAND NEU ENTFACHT UND WELCHE IMPULSE DIE KFW GEBEN KANN

Stellen Sie sich ein Land vor, das trotz globaler Krisen, geopolitischer Spannungen und wirtschaftlicher Unsicherheiten mutig in die Zukunft blickt. Ein Land, das sich nicht länger am Stigma „kranker Mann Europas" abarbeitet, sondern seine Chancen erkennt, seine Potenziale entfesselt – und sich neu erfindet. Dieses Land ist Deutschland. Und 2025 stehen wir an einem Wendepunkt.

Die Welt verändert sich rasant. Wir erleben einen Paradigmenwechsel in der globalen Ordnung von einer US-geprägten, unipolaren Welt der 1990er-Jahre hin zu einem multipolaren System mit zunehmenden geopolitischen Spannungen. Für Deutschland und seine exportorientierte Wirtschaft bringt dies erhebliche Herausforderungen mit sich: Handelsbeziehungen verändern sich, Protektionismus nimmt zu, und Abhängigkeiten von Ländern belasten das Geschäftsmodell „Made in Germany". Doch genau darin liegt eine historische Chance: In den kommenden Jahren wird es darauf ankommen, die deutsche und auch die europäische Wettbewerbsfähigkeit zu stärken. Deutschland kann und muss dafür eine echte Eigenkapitalkultur entwickeln – mit

Bürger:innen, Unternehmen und Kapitalsammelstellen als Investor:innen und aktive Gestalter:innen unserer gemeinsamen Zukunft.

Es stimmt: Die wirtschaftlichen Rahmendaten klingen zunächst ernüchternd. Das IMD World Competitiveness Ranking sah Deutschland im Jahr 2025 nur noch auf Platz 19 (2014: Platz 6).[25] Während das globale Wachstum laut IWF bei 3,3 Prozent liegt, stagniert Deutschland bei 0 Prozent – nach bereits schwachem Wachstum von kumuliert nur 0,3 Prozent seit 2019 (USA: über 12 Prozent).[26] Zudem sind die Exportzahlen rückläufig, während der Welthandel wächst, und auch im Produktivitätsvergleich hinkt Deutschland Ländern wie der Schweiz hinterher.[27] All dies stellt Deutschlands Attraktivität als Investitionsstandort infrage. Dennoch bin ich davon überzeugt: Deutschland ist ein attraktiver Investment-Case – mit viel Potenzial!

Angesichts der aktuellen Problemlage neigen allerdings viele Menschen in unserem Land dazu, die Herausforderungen in den Vordergrund zu stellen, und übersehen dabei die Stärken, die Deutschland auszeichnen: Laut Global Innovation Index gehört es weiterhin zu den zehn führenden Innovationsstandorten weltweit, mit hohen Ausgaben für Forschung und Entwicklung und einem gut qualifizierten Arbeitsmarkt.[28] Die Infrastruktur ist solide – wenn auch modernisierungsbedürftig.[29] Wichtig ist in diesem Zusammenhang, dass eine deutsche Reform- und Modernisierungsagenda immer auch europäisch gedacht werden muss, da die Vollendung des europäischen Binnenmarktes der größte wirtschaftliche Wachstumsmotor ist. Und warum sollte es uns nicht gelingen, hierzu schrittweise ein 28. Regime zu etablieren? Auch Investoren honorieren Größe beziehungsweise Scale, im Sinne eines echten europäischen Marktes.

International wird Deutschland deutlich positiver gesehen: Platz 1 im Anholt-Ipsos Nation Brands Index belegt das Vertrauen in Stabilität und Qualität „made in Germany".[30] Zudem zeigen viele Investorengespräche: Es gibt eine regelrechte „Sehnsucht nach Deutschland" – als verlässlicher, stabiler Investitionsstandort mit sicherem politischem Umfeld. Unsere Stärken sind der Boden, auf dem Neues wachsen kann, sowie die vielen Unternehmerinnen und Unternehmer mit ihren Ideen. Es ist Zeit, diesen Schatz zu heben. Und genau hier setzt Beteiligungskapital an: Es bringt Kapital dorthin, wo diese Ideen entstehen. Es finanziert Dynamik, wo Wandel nötig ist. Es schafft neue Möglichkeiten, wo alte Strukturen an ihre Grenzen stoßen. Und es geht Risiken ein, weil es die damit verbundenen Chancen erkennt.

Das Jahrzehnt der Investitionen – Erfolgsfaktor Beteiligungskapital

Um den Titel „kranker Mann Europas" endgültig hinter uns zu lassen, brauchen wir eine effektive Investitionsoffensive sowie eine gezielte Stärkung des privaten Kapitalmarkts. Denn die Investitionslücke ist groß: Deutschland benötigt laut KfW Research bis 2045 rund 5 Billionen Euro zur Erreichung der Klimaziele.[31] Weitere Milliarden sind nötig für den Ausbau digitaler Infrastrukturen, Rechenzentren, 5G und nachhaltige Mobilität. Allein bis 2030 sind laut einer Studie der Strategieberatung Boston Consulting Group, dem Bundesverband der Deutschen Industrie und dem Institut der deutschen Wirtschaft Mehrinvestitionen von 850 Milliarden Euro in Deutschland notwendig, um die Wettbewerbsfähigkeit des Standorts wiederherzustellen, und 415 Milliarden Euro, um neues Wachstum zu beschleunigen.[32] Die öffentliche Hand allein kann diese Summen nicht aufbringen – deshalb wird privates Beteiligungskapital zu einem zentralen Hebel. Es bietet nicht nur finanzielle Mittel, sondern auch unternehmerische Freiheit, Innovationskraft und Flexibilität.

Insbesondere junge Unternehmen in Bereichen wie künstliche Intelligenz, Biotechnologie und erneuerbare Energien sind auf risikobereite Kapitalgeber angewiesen. Aber auch etablierte Firmen brauchen Eigenkapital, um digitale Geschäftsmodelle und nachhaltige Produktionsprozesse zu entwickeln. Ein starker Beteiligungskapitalmarkt ist daher nicht nur eine finanzielle, sondern eine industrie- und wettbewerbspolitische Notwendigkeit. Initiativen wie der Zukunftsfonds oder Transformationsfonds können helfen, privates Kapital zu mobilisieren und Innovation zu beschleunigen. Nur durch das Zusammenspiel von Kapital, Know-how und Unternehmergeist wird Deutschland im globalen Wettbewerb bestehen.

Der Koalitionsvertrag setzt Impulse: Die Rolle der KfW verändert sich

Der Koalitionsvertrag „Verantwortung für Deutschland“[33] macht deutlich: Um die anstehenden Zukunftsinvestitionen zu stemmen, spielen staatlich initiierte Fondslösungen, die gezielt privates Kapital mobilisieren, eine wichtige Rolle. Der erwähnte Deutschlandfonds als Oberbegriff könnte dabei zum zentralen Werkzeug werden – für mehr Wettbewerbsfähigkeit, Innovation und wirtschaftliche Resilienz. Im Fokus stehen unter anderem Investitionen in Digitalisierung, Klimaschutz, Infrastruktur und die industrielle Transformation. Der Fonds soll dabei nicht nur Finanzierungsquelle sein, sondern ein strategisches Instrument, das Strukturwandel begleitet, neue Jobs schafft und Deutschland im internationalen Wettbewerb stärkt.

Die KfW bringt in diesem Sinne öffentliche und private Investoren zusammen – nicht nur in ihrer Rolle als Ermöglicherin, sondern auch als Impuls- und Ratgeberin. So kann sie durch passende Produkte und eine pragmatische Umsetzung einen positiven Beitrag leisten. Dabei wirkt die KfW nicht allein, sondern in enger Zusammenarbeit mit der deutschen Finanzwirtschaft sowie den Landesförderinstituten.

Der Beitrag der KfW: wie Beteiligungskapital die deutsche Wettbewerbsfähigkeit stärken kann

Innovationstreiber in Deutschland: mit Start-ups zu globaler Wettbewerbsstärke

Deutschland verfügt über eine dynamisch wachsende und zunehmend international anerkannte Start-up-Szene. Besonders Technologie-Start-ups spielen eine zentrale Rolle bei der Bewältigung zentraler Herausforderungen unserer Zeit – wie der digitalen Transformation und dem Klimawandel – und tragen damit entscheidend zur Stärkung der Wettbewerbsfähigkeit des Wirtschaftsstandorts Deutschland bei. Mit Innovationskraft, Risikobereitschaft und Pioniergeist erschließen sie neue Märkte, insbesondere in Bereichen wie beispielsweise künstliche Intelligenz, grüne Technologien, Quantentechnologien und Deep Tech.

Viele dieser Start-ups gehen aus exzellenter Forschung hervor: 2023 wurden laut dem Gründungsradar des Stifterverbandes knapp 3.000 neue Gründungen in Deutschland verzeichnet, viele davon aus Hochschulen und Forschungseinrichtungen heraus.[34] Doch trotz dieser starken wissenschaftlichen Basis fehlt es häufig an Kapital für die Entwicklung marktreifer Produkte oder deren internationalen Markteintritt. Laut dem Start-up Monitor 2024 klagen über 70 Prozent der deutschen Start-ups über Schwierigkeiten bei der Kapitalbeschaffung – insbesondere in frühen Seed-Phasen, aber auch im Later-Stage- bzw. Growth-Bereich.[35] Gerade hier ist Beteiligungskapital essenziell: Es bringt nicht nur Kapital, sondern auch Know-how, Netzwerke und strategische Begleitung ein – und stärkt damit das gesamte Innovationsökosystem.

Im internationalen Vergleich hinkt Deutschland jedoch immer noch deutlich hinterher: Im Verhältnis zum BIP müssten wir jährlich mindestens 30 Milliarden Euro investieren, um auf US-Niveau zu sein. Aktuell liegt der Anteil von VC-Investitionen am BIP in Deutschland laut KfW Research bei etwa 0,25 Prozent, in den USA hingegen bei 0,85 Prozent.[36] Diese Lücke hemmt das Wachstum junger Unternehmen und beeinträchtigt langfristig die gesamtwirtschaftliche Innovationskraft. Deutschland hat zwar in den letzten Jahren aufgeholt – etwa durch den staatlichen Zukunftsfonds –, doch es besteht weiterhin Nachholbedarf. Denn: Ein starker Beteiligungskapitalmarkt hilft dabei, Forschungsergebnisse im Land zu halten und wirtschaftlich zu nutzen. Ziel muss es sein, die entstehende „Forschungsdividende" in Deutschland zu realisieren – durch wachsende Start-ups, neue Arbeitsplätze und lokale Wertschöpfung.

Als KfW stärken wir das Venture-Capital-Ökosystem nachhaltig, wie die folgenden zwei Beispiele verdeutlichen:

1) Der Zukunftsfonds: Kapital für ein dynamisches und nachhaltiges VC-Ökosystem

Mit dem 2021 gestarteten Zukunftsfonds stärkt die KfW gemeinsam mit KfW Capital im Auftrag der Bundesregierung strukturell das Beteiligungskapitalangebot. Ziel ist, bis 2030 gemeinsam mit privaten Investoren rund 30 Milliarden Euro für technologieorientierte Start-ups zu mobilisieren – davon 10 Milliarden Euro öffentliches Kapital, das über verschiedene Module wie die ERP/EIF-Wachstumsfazilität, den Deep-Tech & Climate Fonds (DTCF) oder die European Tech Champions Initiative (ETCI) investiert wird. Bis Ende 2024 wurden 13 Milliarden Euro bereitgestellt, rund 6,6 Milliarden Euro zugesagt und durch 134 Venture-Capital-Fonds knapp 2.500 Start-ups unterstützt.

Phasenfokus innerhalb der Programme von KfW Capital und des Zukunftsfonds

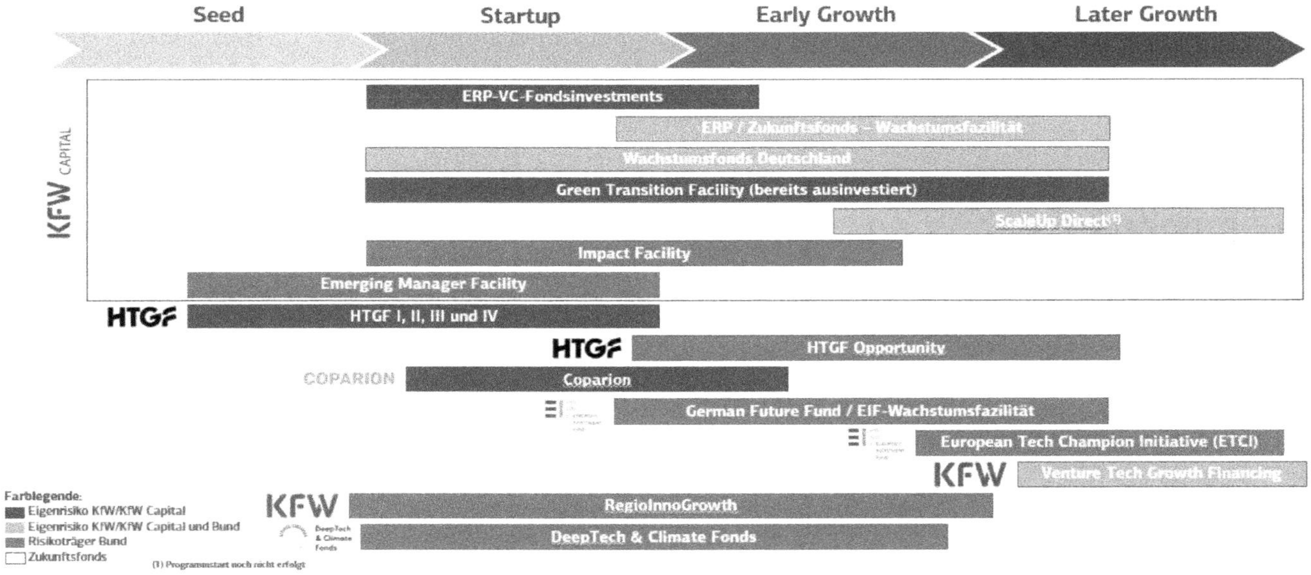

KfW Capital verfolgt dabei einen doppelten Hebel: Einerseits werden VC-Fonds gestärkt, die gezielt in forschungs- und technologieintensive Start-ups investieren. Andererseits wird durch die Beteiligung des öffentlichen Sektors privates Kapital aktiviert, das in der Vergangenheit zu oft auf andere Anlageklassen ausgewichen ist. Besonders in der herausfordernden Wachstumsphase, die durch die sogenannte „Scale-up-Gap“ geprägt ist, konnte das Angebot an Beteiligungskapital in den letzten Jahren durch den Zukunftsfonds spürbar verbessert werden. In naher Zukunft wird auch der Baustein Scale-Up Direct gestartet. Ziel dieses Bausteins ist es, den Bedarf wachstumsstarker Technologieunternehmen aus Deutschland zu adressieren, die sich in einem fortgeschrittenen Entwicklungsstadium befinden, um auch die Lücke im Later Stage zu schließen.

Diese Maßnahmen zeigen bereits Wirkung: Immer mehr junge Technologieunternehmen bleiben im Land und erhalten Kapital für Skalierung bzw. Internationalisierung, während neue Fondsstrukturen und First-Time-Teams gestärkt werden.

Zudem plant die Bundesregierung nicht nur, den bestehenden Zukunftsfonds über 2030 hinaus zu verstetigen, sondern mit dem Zukunftsfonds II sogar eine Fortsetzung, die sich verstärkt auf Ausgründungen sowie Wachstumsfinanzierungen in Deep Tech und Biotech konzentrieren soll. Besonders vielversprechend sind dabei Themen wie die Förderung von Scale-ups und deren Exitstrategien, die Bereitstellung von Liquidität durch Secondaries sowie die gezielte Finanzierung strategisch wichtiger Bereiche, wie unter anderem Raumfahrt, künstliche Intelligenz, Bio- oder Quantentechnologie.

2) Die WIN-Initiative: Stärkung des Wachstums- und Innovationskapitals in Deutschland

Die WIN-Initiative („Wachstums- und Innovationskapital für Deutschland“) ist eine gemeinsame Anstrengung von Politik, Wirtschaft und

Verbänden, die darauf abzielt, das Wachstums- und Innovationskapital im deutschen Start-up-Ökosystem zu stärken, und basiert auf der französischen Tibi-Initiative. Als KfW haben wir die Rolle des öffentlichen Partners übernommen, um diese Initiative zu koordinieren.

Ziel der WIN-Initiative ist es, Venture Capital als attraktive Assetklasse zu etablieren und den marktwirtschaftlichen Mechanismus für VC-Investitionen langfristig zu aktivieren. Sie hat damit eine neue Welle der Dynamik im deutschen Start-up- und VC-Ökosystem entfaltet: Die Ergebnisse der WIN-Initiative und der enge Schulterschluss von Unternehmen, Verbänden und politischen Akteuren stellen einen echten Meilenstein dar und senden ein starkes Signal für den Finanz- und Wirtschaftsstandort Deutschland.

Das Ergebnis ist ein Maßnahmenpaket, das entlang des gesamten Start-up-Lebenszyklus ansetzt und mit milliardenschweren Commitments sowie einer hohen Öffentlichkeitswirkung einhergeht. Langfristig soll dieser Anschub dazu führen, dass die VC-Investitionen in Deutschland auf rund 30 Milliarden Euro pro Jahr steigen.

Welche Ziele und Maßnahmen wurden im Einzelnen angestoßen?

- Anzahl und Qualität der Start-ups mit attraktivem Geschäftsmodell und VC-Investmentbedarf steigern, indem Kooperationen zwischen Hochschulen, Investoren und Unternehmen ausgebaut werden.
- Strukturen und Vehikel schaffen, um Fonds und andere Kapitalsammelstellen für unterschiedliche Investorenbedürfnisse zu konstituieren, indem beispielsweise Venture Capital als Anlageklasse für

geeignete Privatpersonen etabliert wird und Dachfondsstrukturen und Finanzierungslösungen für Clean Tech gestärkt werden.

- Heranführung von Investoren an die Assetklasse Venture Capital, durch Transparenz und Know-how-Transfer, um das Verständnis und das Interesse an VC-Investitionen zu fördern. Zudem wird die Steigerung der WIN-Investitionen durch öffentliche Kapitalsammelstellen vorangetrieben.
- Exitmöglichkeiten für Unternehmen und Investoren verbessern, indem Rahmenbedingungen für Börsengänge (IPOs) und Exits verbessert werden sowie ein Sekundärmarkt für Venture-Capital-Fondsanteile etabliert wird.
- Unterstützung des Marktes für Wagnis- und Innovationskapital durch entsprechende rechtliche Rahmenbedingungen, beispielsweise durch die Verbesserung der steuerlichen Rahmenbedingungen für VC-Investments oder die regulatorische Simplifizierung und Flexibilisierung der Anlageverordnung für Pensionskassen und kleine Versicherungsunternehmen.

Neben dem umfangreichen Maßnahmenpaket wurde im September 2024 ein gemeinsames Commitment von 12 Milliarden Euro für das deutsche und europäische VC-Ökosystem bekannt gegeben. Es ist jedoch klar, dass für das VC- und Start-up-Ökosystem weitere substanzielle Anstöße und Begleitung erforderlich sind, um die bestehenden Herausforderungen und Finanzierungslücken anzugehen. Der Koalitionsvertrag der neuen Bundesregierung bekräftigt in diesem Sinne die Fortführung und Expansion der WIN-Initiative mit dem Ziel, die Zusagen auf über 25 Milliarden Euro zu verdoppeln. Denn das Interesse seitens der Marktakteure ist erheblich, und es wird erwartet, dass bis Ende 2026 weitere Zusagen aus der Wirtschaft folgen werden. Die WIN-Initiative stellt somit einen entscheidenden Schritt dar, um das deutsche Start-up-Ökosystem nachhaltig zu stärken und die Innovationskraft des Landes zu fördern.

Green Tech – Wachstumschance und Erfolgsfaktor für den nachhaltigen Wandel

Die grüne Transformation ist nicht nur ein ökologischer Imperativ, sondern bietet auch wirtschaftliche Chancen. Innovative Start-ups im Bereich Green Tech – etwa in den Feldern erneuerbare Energien, Kreislaufwirtschaft, Wasserstoffwirtschaft, nachhaltige Mobilität oder CO_2-Abscheidung – leisten einen zentralen Beitrag zur Dekarbonisierung von Industrie, Infrastruktur und Alltag.

Mittlerweile gehört der Markt für Umwelt- und Klimaschutztechnologien weltweit zu den dynamischsten Wachstumsbranchen. Laut dem Umwelttechnik-Atlas des Bundesumweltministeriums (BMUV) wird der globale Markt für grüne Technologien bis 2030 auf rund 9,4 Billionen Euro anwachsen – mit einem durchschnittlichen jährlichen Wachstum von über 7 Prozent.[37] Allein der deutsche Green-Tech-Sektor verzeichnete 2023 ein Marktvolumen von über 480 Milliarden Euro, was rund 15 Prozent des deutschen Bruttoinlandsprodukts entspricht.[38] Deutschland gilt damit als einer der führenden Anbieter im internationalen Vergleich – vor allem in den Segmenten Energieeffizienz, Ressourceneffizienz, emissionsarme Industrieprozesse und grüne Chemie.

Durch den Einsatz von Beteiligungskapital werden aber nicht nur grüne Leitmärkte in Europa etabliert, sondern auch zukunftssichere Arbeitsplätze und neue industrielle Wertschöpfungsketten im Inland geschaffen. Venture Capital wird so zum Triebmotor einer nachhaltigen Industriestrategie – und damit zum entscheidenden Hebel für die Zukunftsfähigkeit und internationale Wettbewerbsstärke des Standorts Deutschland.

Der deutsche Mittelstand – Rückgrat unserer Wirtschaft für Innovation und Wachstum

Der deutsche Mittelstand (KMU) – mit über 99 Prozent aller Unternehmen sowie 54 Prozent der Beschäftigten das Rückgrat unserer Volkswirtschaft[39] – steht vor enormen Herausforderungen: Digitalisierung, Dekarbonisierung und der globale Innovationswettbewerb verlangen tiefgreifende Investitionen in Technologie, Prozesse und Geschäftsmodelle. Dieser Verantwortung kommen viele mittelständische Unternehmen mit Erfolg nach: Laut KfW Research bieten sie mit eigener Forschung und Entwicklung entscheidende Impulse für den Markt, indem sie über zwei Drittel der Innovationsausgaben tätigen und mehr als die Hälfte des Umsatzes mit Produktinnovationen erwirtschaften.[40] Sie erzielen dadurch durchschnittlich eine höhere Umsatzrendite und tragen damit entscheidend zur Wettbewerbsfähigkeit des Landes bei.

Eine wichtige Rolle spielt in diesem Kontext der ERP-Digitalisierungs- und Innovationskredit der KfW, der insbesondere kleinen und mittleren Unternehmen (KMU) zinsgünstige Kredite zur Verfügung stellt. Er zielt darauf ab, Investitionen in digitale Technologien, IT-Sicherheit, datengetriebene Geschäftsmodelle und Prozessinnovationen zu ermöglichen und zu beschleunigen. Das Besondere: Die KfW verbilligt das Förderprodukt mit Eigenmitteln.

Doch gleichzeitig zeichnet sich ein besorgniserregender Trend ab: Die Innovationskraft im Mittelstand nimmt ab. Ein zunehmender Anteil, mittlerweile von 40 Prozent, bringt keine Innovationen hervor, überwiegend aufgrund der begrenzten Ressourcen kleinerer Unternehmen.[41] Ursachen wie Fachkräftemangel und hohe Kosten müssen deshalb unbedingt adressiert werden. Ebenso entscheidend sind Investitionen in immaterielles Kapital wie Weiterbildung, Software und Datenbanken, die ebenfalls zur Produktivitätssteigerung beitragen. Deutschland muss diese Hemmnisse überwinden und die Innovationskraft stärken, um wieder als Vorreiter für Wirtschaft und Technologie zu glänzen.

Zusammen mit einer Kombination aus Beteiligungskapital und öffentlich geförderter Kreditvergabe kann dann ein leistungsfähiges Finanzierungsumfeld entstehen, das es Mittelständlern erlaubt, notwendige Transformationsschritte planbarer umzusetzen. Beteiligungskapital gewinnt dabei eine zentrale Bedeutung, denn viele Mittelständler verfügen zwar über stabile, aber für größere Wachstumsfinanzierungen zu geringe Eigenkapitalquoten – im Durchschnitt rund 30 Prozent laut KfW-Mittelstandspanel[42] – und stoßen bei der klassischen Kreditfinanzierung schnell an Grenzen. Der Vorteil liegt darin, dass Beteiligungskapital (im Gegensatz zu Fremdkapital) die Eigenkapitalbasis stärkt und dadurch die Krisenfestigkeit sowie die Fähigkeit erhöht, größere Transformationsvorhaben zu stemmen. Darüber hinaus ermöglicht es Wachstumsfinanzierungen, die Skalierung von Innovationen und die Erschließung neuer internationaler Märkte – dies ist insbesondere auch für den deutschen Mittelstand mit seiner technologischen Exzellenz von Relevanz. Beteiligungskapital bringt dabei nicht nur finanzielle Ressourcen, sondern häufig auch strategisches Know-how, digitale Expertise und Zugang zu relevanten Netzwerken.

Hier möchte die neue Bundesregierung mit einem Mittelstandsfonds ansetzen: Die Idee ist, gemeinsam mit der deutschen Kreditwirtschaft einen Mittelstandfonds zu entwickeln, der gehebelt bis zu 10 Milliarden Euro Eigenkapital und Fremdkapital für die digitale und klimaneutrale Transformation großer deutscher Mittelständler bereitstellt. Insgesamt würde dadurch die Finanzierungsbasis des Mittelstands gestärkt, da er in höhere Risiken investieren kann und den Kapitalmarktzugang ermöglicht bekommt. Eine richtungsweisende Initiative, die perspektivisch einen breiten Zugang zu Eigenkapital oder eigenkapitalähnlichen Instrumenten für den deutschen Mittelstand ermöglicht. Die KfW könnte diese Marktentwicklung – analog zu dem Zukunftsfonds – unterstützen.

Beteiligungskapital als strategisches Instrument für Resilienz und wirtschaftliche Souveränität

Globale Krisen und die geopolitischen Spannungen der letzten Jahre – von pandemiebedingten Lieferengpässen über die Energiekrise infolge des russischen Angriffskriegs bis zur Systemrivalität mit China – haben die Schwächen internationaler Abhängigkeiten offengelegt. Deutschland steht vor der Aufgabe, sich strategisch unabhängiger, resilienter und zukunftsfester aufzustellen. Beteiligungskapital ist dabei nicht nur ein Finanzierungsinstrument, sondern ein wichtiges strategisches Werkzeug.

Denn gerade in Sektoren, die hohe Risiken, lange Amortisationsphasen oder unsichere Renditen aufweisen, stoßen klassische Fremdfinanzierungen an ihre Grenzen. Beteiligungskapital schließt diese Lücke: Es stärkt Unternehmen mit strategischer Relevanz, stabilisiert Geschäftsmodelle und ebnet den Weg für langfristige Investitionen in Schlüsseltechnologien. Ob kritische Rohstoffe, Batteriezellen, Halbleiter oder Wasserstoffwirtschaft – durch gezielte Beteiligungen können neue Wertschöpfungsketten aufgebaut, Innovationszyklen beschleunigt und Europas industrielle Souveränität gestärkt werden.

Rohstoffsouveränität als Industriepolitik

Ein konkretes Beispiel für diesen Ansatz ist der im Koalitionsvertrag 2025 verankerte Rohstofffonds. Ziel ist es, durch Beteiligungskapital – kombiniert mit privaten Investitionen – resiliente, nachhaltige Rohstoffinfrastrukturen entlang der gesamten Wertschöpfungskette zu fördern: vom Abbau über die Verarbeitung bis zum Recycling. Damit sollen kritische Abhängigkeiten von einzelnen Lieferländern wie China bei Lithium, Kobalt oder seltenen Erden reduziert werden.

Die KfW strukturiert den Fonds im Auftrag der Bundesregierung, identifiziert geeignete Projekte und beteiligt sich mit Risikounterstützung des Bundes gezielt an relevanten Unternehmen. Beteiligungskapital wird so zum Hebel für Versorgungssicherheit, technologische Souveränität und Wettbewerbsfähigkeit.

Energieinfrastruktur braucht Eigenkapital

Eine ähnliche Strategie verfolgt der geplante Energie-Infrastruktur-Fonds, der Investitionen in Netze, Speicher, Wasserstoff- und CO_2-Infrastruktur ermöglichen soll. Denn eine moderne, leistungsfähige und verlässliche Energieinfrastruktur ist ein entscheidender Faktor für die Stärkung der Wettbewerbsfähigkeit des Wirtschaftsstandorts Deutschland. Doch die Transformation zu einem klimaneutralen Industriestandort verlangt gewaltige Investitionen, die weit über das hinausgehen, was kurzfristig orientierte Kapitalmärkte stemmen können. Beteiligungskapital kann hier als langfristiger Anker wirken – es stabilisiert Investitionspfade, ermöglicht Planungssicherheit und stärkt die Wettbewerbsfähigkeit des Standorts Deutschland.

Die KfW unterstützt diesen Wandel aktiv: beispielsweise durch die Capital Markets Conference on Energy Transition for Germany 2024, die als Dialogplattform zwischen Investoren, Wirtschaft und Politik für Investitionen in den deutschen Energiesektor dient. Anders als beispielsweise in Ländern wie Kanada fehlt in Deutschland nämlich bisher eine etablierte Public-Private-Partnership-Kultur, die solche Investitionen unterstützt. Die Konferenz soll 2025 erneut in Kooperation mit der Deutschen Bank fortgeführt werden.

Zudem kann die KfW ihr bestehendes Markt- und Förderangebot durch neue Finanzierungsinstrumente ergänzen. Ein wesentliches Ziel dabei ist die Stärkung des Eigenkapitals von Energieversorgern und Stadtwerken, idealerweise in Zusammenarbeit mit Landesförderinstitutionen. So treibt die KfW den Wandel hin zu einer nachhaltigen und leistungsfähigen Energiezukunft voran.

Beteiligungskapital für Sicherheit und Verteidigung

Auch in der Sicherheits- und Verteidigungsindustrie gewinnt Beteiligungskapital an strategischer Bedeutung. Die Zeitenwende erfordert eine innovationsfähige, NATO-kompatible und europäisch eingebettete Verteidigungsindustrie. Beteiligungskapital kann auch in diesem Sektor Forschung, Fertigung und strategische Vorratshaltung stärken – besonders in unterfinanzierten oder strukturell geschwächten Segmenten. Gleichzeitig schafft es ein Gegengewicht zu sicherheitskritischen Übernahmen durch ausländische Investoren.

Seit dem 1. Mai 2025 öffnet sich KfW Capital über den bisherigen Dual-Use-Ansatz hinaus auch indirekten Investitionen in Start-ups aus den Bereichen Waffen und Munition, wobei – wie bei der KfW auch – jegliche kontroversen Waffen wie beispielsweise radioaktive Munition oder Streubomben weiterhin ausgeschlossen sind. Zudem sind nun auch Investitionen in sicherheitsrelevante Unternehmen in Ländern wie dem Vereinigten Königreich, Norwegen und der Schweiz möglich. Die KfW bleibt damit ein zentraler Baustein moderner Sicherheitsarchitektur – eingebettet in die strategischen Ziele der Bundesregierung und in Übereinstimmung mit nationalen und internationalen Rechtsrahmen.

Wir benötigen eine Eigenkapitalkultur, um die Zukunft zu gestalten

Deutschland steht an einem historischen Wendepunkt. Die Herausforderungen sind immens – aber die Chancen sind trotz allem größer. Was wir jetzt brauchen, ist ein neuer Gründergeist, gespeist aus Mut, Gestaltungswillen und Kapital. Beteiligungskapital ist dabei mehr als nur Finanzmittel – es ist ein Ausdruck von Vertrauen in Ideen, Menschen und Zukunftsfähigkeit.

Eine lebendige Eigenkapitalkultur kann Deutschland zurück auf die Überholspur bringen – nicht durch Subventionen, sondern durch unternehmerische Freiheit, technologische Offenheit, gezielte strategische Allianzen und privates Kapital.

Neben dem Bürokratieabbau und der konsequenten Digitalisierung der öffentlichen Verwaltung ist der Aufbau einer starken, eigenkapital- und kapitalmarktbasierten Finanzierungskultur eine zentrale Voraussetzung für künftigen wirtschaftlichen Erfolg. Wesentliche Hebel dafür sind die Vollendung des europäischen Binnenmarkts, insbesondere durch eine tiefere Banken- und Kapitalmarktunion, sowie eine effektive Finanzmarktregulierung, die Innovation ermöglicht und den Zugang zu Kapital unterstützt. Ebenso entscheidend ist eine breite ökonomische Bildung, die Finanzkompetenz in allen Bevölkerungsschichten stärkt. Ergänzend braucht es eine Kultur, die Unternehmertum, Risikobereitschaft und langfristiges Denken fördert und wertschätzt.

Deutschland ist ein Land mit über 9 Billionen Euro privatem Finanzvermögen. Ein Großteil davon, etwa 37 Prozent, ist in Sicht- und Spareinlagen angelegt. Es liegt daher in unserer eigenen Hand, dieses Vermögen in produktives Kapital mit einer besseren Rendite für die Menschen zu verwandeln. Eine Reform der Renten- bzw. Altersversorgung könnte dabei ein wichtiger Baustein sein.

Die KfW steht bereit, diesen Wandel mitzugestalten. Als Brückenbauerin zwischen Staat, Markt und Gesellschaft kann sie Kapital mobilisieren und dabei helfen, Leuchtturmprojekte mit internationaler Strahlkraft zu realisieren. Wir sind davon überzeugt, dass Beteiligungskapital der Schlüssel ist – zu Innovation, zu nachhaltigem Wachstum, zu einem neuen wirtschaftlichen Selbstverständnis. Jetzt ist der Moment, den nächsten großen Aufbruch zu wagen. Gemeinsam. Mit Kraft, mit Kapital, mit klarer Zukunftsperspektive. Denn die Zukunft gehört denen, die den Mut haben, sie zu finanzieren.

Autor:innen-Profil:
Florian Schick (Managing Partner) und **Jan-Daniel Neumann** (Partner) haben 2015 Bregal Unternehmerkapital, heute unter der Marke BU bekannt, gegründet. Mit langjähriger Erfahrung begleitet BU mittelständische Unternehmen und Hidden Champions bei Nachfolgeprozessen, Wachstum und Digitalisierung – mit Fokus auf nachhaltige Wertschöpfung und partnerschaftliche Zusammenarbeit.

Summary:
Beteiligungskapital kann ein kraftvoller Impulsgeber für nachhaltige Nachfolgelösungen im Mittelstand sein. Wir zeigen anhand konkreter Beispiele, wie Beteiligungshäuser gemeinsam mit Unternehmer:innen Lebenswerke weiterentwickeln und Wachstum fördern können und damit einen starken Beitrag zum Erhalt der heimischen Wirtschaft leisten – werteorientiert und mit Fokus auf die Zukunftsfähigkeit.

NACHFOLGE ALS WACHSTUMS-KATALYSATOR: WIE BETEILIGUNGSKAPITAL UNTERNEHMEN ZUKUNFTS-FÄHIG MACHT

Wenn Unternehmer:innen über ihre Nachfolge nachdenken, steht selten allein die wirtschaftliche Transaktion im Vordergrund. Es geht um weit mehr: um ein Lebenswerk, um Verantwortung für Mitarbeitende, um Kundentreue, Innovationskraft und um das Vertrauen in die nächste Generation der Unternehmensführung. Wer ein Unternehmen aufgebaut oder über Jahrzehnte erfolgreich geführt hat, wünscht sich für die Zukunft nicht bloß Kontinuität – sondern die Chance auf Weiterentwicklung. Die Nachfolge wird damit zur vielleicht persönlichsten und strategisch bedeutendsten Entscheidung im Leben einer Unternehmerin oder eines Unternehmers.

Doch genau an diesem Punkt stehen viele mittelständische Betriebe in Deutschland heute vor einer Herausforderung. Denn immer mehr Vertreter der geburtenstarken Babyboomer-Generation treten ins Rentenalter ein. Damit steigt auch die Zahl der abzugebenden Unternehmen. So stand nach einer Analyse des ifo Instituts im Jahr 2023 bei 43 Prozent der Familienunternehmen innerhalb der folgenden drei Jahre eine nachfolgebedingte Übertragung des Unternehmens oder von

Anteilen daran an.[43] Besonders hoch lag dieser Anteil mit 50 Prozent bei den großen Unternehmen mit mehr als 250 Mitarbeitenden. Auch ein Blick in die jüngeren Ausgaben des Nachfolge-Monitorings Mittelstand der KfW zeigt: Ein großer Teil der Unternehmer:innen kann die Übergabepläne nicht wie erhofft umsetzen. Denn waren für den Zeitraum 2023 bis 2027 im Schnitt 125.000 Übergaben pro Jahr angedacht, so sind es für 2025 bereits 215.000.[44]

Demgegenüber steht eine immer demografisch bedingt schrumpfende Zahl von potenziellen Nachfolgern aus der eigenen Familie. Das und eine vielleicht generationenbedingt stärkere Orientierung der Unternehmerkinder an ihren eigenen Interessen sorgen dafür, dass familieninterne Nachfolgen seltener werden. So strebten laut einer Studie der Deutschen Industrie- und Handelskammer (DIHK) 33 Prozent der im Jahr 2024 von den IHKs zu Nachfolgethemen beratenen Unternehmer:innen eine familieninterne Lösung an.[45] Nur drei Jahre zuvor waren es noch 41 Prozent.

Gleichzeitig sind klassische Nachfolgekandidaten aus dem Management oder dem Markt nicht immer verfügbar – oder sehen sich außerstande, das notwendige Kapital aufzubringen und das unternehmerische Risiko zu übernehmen. Die DIHK-Studie beziffert den Anteil der geplanten Übergaben an Mitarbeitende mit 17 Prozent. Damit rechnete im Jahr 2024 die Hälfte der abgabewilligen Unternehmer:innen mit einem Verkauf an Externe. Allein das zeigt: Das Potenzial für Beteiligungskapital, neue Perspektiven für Unternehmen zu eröffnen, ist riesig.

In diesem Zusammenhang bieten Private-Equity-Gesellschaften Unternehmer:innen die Möglichkeit, ihr gebundenes Kapital aus dem Unternehmen herauszulösen, ohne dessen Eigenständigkeit oder Werte anzutasten. Die Übernahme erfolgt in enger Partnerschaft. Gerade bei BU sind wir an einer starken Beziehung mit dem Inhaber und dessen Familie interessiert. Denn die von ihnen geprägte Kultur und Innovationskraft machen das Unternehmen erst interessant für uns. Wenn wir in ein Unternehmen investieren, drehen wir entgegen der immer noch landläufig verbreiteten Meinung über Finanzinvestoren nicht alles um, sondern setzen als engagierter (Mit-)Eigentümer neue Wachstumsimpulse.

Im Interesse einer kontinuierlichen Entwicklung versuchen wir, Unternehmer:innen stets die Möglichkeit zu geben, auch nach dem Einstieg von BU die Zukunft ihres Unternehmens mitzugestalten, beispielsweise als Beirat oder Minderheitsgesellschafter. So bleibt ihr Wissen erhalten. Wir verstehen Nachfolge nicht als Endpunkt unternehmerischen Wirkens, sondern als Übergang in eine neue Phase – für das Unternehmen, aber oft auch für die Unternehmerin oder den Unternehmer selbst. Die Ziele einer solchen Partnerschaft reichen von der Sicherung von Arbeitsplätzen über den Ausbau internationaler Märkte bis zur Erschließung neuer Geschäftsfelder – kurz gesagt, eine Zukunft, die ohne geregelte Nachfolge auf wackeligen Füßen stünde.

BU als Partner für nachhaltige Transformation

Bei der Verwirklichung dieser Ziele setzen wir auf eine vertrauensvolle Kooperation mit unseren Partnerunternehmen. Diese profitiert besonders stark von unserer regionalen Verankerung und genauen Kenntnis unserer Zielmärkte Deutschland, Österreich, Schweiz und Italien. Kein vergleichbarer Investor ist in diesen Märkten mit einer größeren Zahl an Experten präsent. Wichtige Entscheidungen fällen wir nicht in fernen Finanzmetropolen, sondern nahe bei den Unternehmen. Die Unternehmer:innen wissen das zu schätzen: Über 80 Prozent unserer Beteiligungen sind sogenannte „Primaries", also Unternehmen, die zum ersten Mal mit Finanzinvestoren zusammenarbeiten.

Gerade in solchen Fällen können wir unsere Expertise einbringen, um die vorhandenen positiven Eigenschaften noch besser zur Geltung zu bringen. Ebenso wichtig ist unsere Rolle als Kapitalgeber. Übergabewillige Unternehmer:innen scheuen sich oft davor, notwendige Investitionen anzustoßen, die die Ertragskraft während des Verkaufsprozesses temporär schwächen bzw. signifikantes Kapital für längere Zeit binden. Wir als kapitalstarke und langfristig orientierte Anleger investieren dann in den ersten Jahren unserer (Mit-)Eigentümerschaft hohe Summen in das Geschäft. Daher erfolgen typischerweise während der Haltedauer unserer Beteiligungen auch keine Ausschüttungen von Dividenden. Die institutionelle Aufstellung der Führung und Organisation bei Ablauf der Haltedauer, gepaart mit einer starken technischen und personellen Ausstattung, machen solche von Inhabern übernommene Unternehmen entsprechend zukunftsfähig.

Wie sich aus einer Nachfolge ein kraftvoller Aufbruch entwickeln kann, zeigen zwei Beispiele besonders eindrücklich. Sie stehen für unterschiedliche Branchen – aber für ein gemeinsames Prinzip: Wertschätzung des Bestehenden, mutige Weiterentwicklung und vertrauensvolle Zusammenarbeit auf Augenhöhe.

Technologie trifft Verantwortung: EA Elektro-Automatik im Wandel

Besonders gut verdeutlichen lässt sich der Ansatz von BU am Beispiel des früheren Portfoliounternehmens EA Elektro-Automatik (EA). Die Erfolgsgeschichte ist ein Paradebeispiel für unseren Beteiligungsansatz, starke Partnerschaften mit führenden, von Gründern geleiteten Unternehmen einzugehen und sie dabei zu unterstützen, ihr Wachstum deutlich zu beschleunigen.

Der Viersener Hersteller von Test- und Messgeräten für elektronische Komponenten für den Hochleistungsbereich gehörte schon vor dem Einstieg von BU im Jahr 2019 zu den europäischen Technologieführern in seinem Marktsegment. Während der darauffolgenden vierjährigen Wachstumspartnerschaft mit BU konnte der Umsatz mehr als verdreifacht werden und es gelang der Sprung an die Weltspitze. Diese rasante Entwicklung erregte Aufsehen und sorgte dafür, dass das Unternehmen einen breiten Interessentenkreis ansprach. So gelang es im Jahr 2023, mit der amerikanischen Fortive Corporation eine neue Heimat für EA zu finden, die alle Voraussetzungen mitbringt, um die stark gewachsene Marktpräsenz von EA weiter auszubauen.

Unter der Leitung des Gründers Helmut Nolden hatte sich EA seit der Gründung im Jahr 1974 aus einer Kellerwerkstatt heraus zu einem florierenden Unternehmen mit mehr als 200 Mitarbeitenden entwickelt. Nach Jahrzehnten erfolgreichen Unternehmertums suchte Nolden nach einem Nachfolger, der seinen erfolgreichen Wachstumskurs intensivieren konnte und der die unternehmerische Kultur von EA bewahren würde. Er entschied sich schließlich für BU.

Der weit überwiegende Teil der BU-Beteiligungen entstammt solchen privilegierten Ausgangslagen, bei dem zwei Dinge zusammenkommen: einmal unser systematischer Sourcing-Prozess mit bislang mehr als 17.000 Investitionsopportunitäten, die von Wettbewerbern typischerweise überhaupt nicht gesehen werden und bei denen wir einen thesenbasierten Ansatz zur Identifikation nutzen; und zum anderen unser Erfolgsrezept aus einem beständigen Wertekompass, lokaler Verwurzelung und dem Fokus auf nachhaltige Wertschöpfung mit einem „Full Potential Value Creation Toolkit", um Unternehmen weiterzuentwickeln, zu internationalisieren und zu digitalisieren.

So erkannten wir trotz der bereits starken Entwicklung von EA auch dort ungenutztes Potenzial. Denn die Geräte des Unternehmens waren nicht nur technisch exzellent, sondern konnten potenziell auch eine wichtige Rolle bei der Entwicklung wichtiger Zukunftstechnologien spielen. BU investierte deshalb nach dem Einstieg bei EA massiv in den Standort Viersen. Die Forschungs- und Entwicklungsabteilung wuchs um mehr als 50 Prozent, die Produktionskapazität verdoppelte sich, auch dank des Baus eines neuen Fertigungsgebäudes. EA konnte in der Folge drei neue, technologisch führende Produktreihen präsentieren. Diese wurden auch mit Blick auf Zukunftstechnologien wie Batterierecycling und Stromgewinnung aus Wasserstoff entwickelt. So gelang es, neben dem Ausbau der Marktführerschaft in bestehenden Märkten auch neue, wachstumsstarke Endmärkte zu erschließen, die für die Energiewende eine wichtige Rolle spielen.

Auch in den Bereichen Marketing und Vertrieb wurde signifikant investiert. Technisch anspruchsvolle Produkte einem Weltmarkt zugänglich zu machen ist eine komplexe Angelegenheit und erfordert professionelle Vertriebsstrukturen sowie eine entsprechende Personaldecke. Viele Unternehmensinhaber:innen scheuen die damit verbundenen Investitionen; aus Sicht von BU schlummern darin oft ungenutzte Möglichkeiten. Im Fall von EA konnten wir mit unserer Erfahrung in der Internationalisierung von Geschäftsmodellen wichtige Impulse liefern, um die Schlagkraft der Marketing- und Vertriebsmannschaft zu erhöhen. So eröffnete EA mehrere neue Auslandsbüros, unter anderem in den USA, Spanien, China, Südkorea und Singapur. Insgesamt verdreifachte sich das globale Vertriebsteam. Der Aufbau zahlte sich aus: Zum Zeitpunkt des Verkaufs an Fortive generierte EA bereits etwa die Hälfte seiner Umsätze außerhalb Europas.

Der erfolgreiche Eintritt in neue Märkte bedeutete für EA nicht nur eine Steigerung des Absatzes, sondern auch eine Diversifizierung der Kundenbasis. Das von BU ausgewählte und neu eingesetzte Management arbeitete aber auch hinter den Kulissen intensiv an einer weiteren Stärkung des ohnehin widerstandsfähigen Geschäftsmodells. So wurden beispielsweise Rechnungswesen, Preisgestaltung und Einkauf professionalisiert und an internationale Best Practice herangeführt. Diese Verbesserungen wirken lange in die Zukunft und stehen damit beispielhaft für den Ansatz von BU, Unternehmen nicht kurzfristig aufzuhübschen, sondern sie gemeinsam nachhaltig zu entwickeln und innerlich stärker zu machen.

Wie groß der Entwicklungssprung von EA während der Eigentümerschaft von BU war, wird beim Blick auf einige Geschäftszahlen deutlich. So wuchs der Umsatz des Unternehmens in den Jahren von 2020 bis 2023 um durchschnittlich mehr als 40 Prozent pro Jahr – und das ganz ohne Zukäufe. Die Zahl der Mitarbeitenden verdoppelte sich auf rund 450. Gleichzeitig verringerte sich die CO_2-Emissionsintensität deutlich auf weniger als die Hälfte des Wettbewerbsdurchschnitts.

Klar ist: Ein solcher Wachstumsschub ist nicht möglich ohne den engagierten Einsatz aller Beteiligten. Auch deshalb achtet BU bei der Auswahl von neuen Beteiligungen genau auf den kulturellen Fit zwischen Investor und Unternehmen. Bei EA passten die vom Gründer geprägten Werte hervorragend zur Philosophie von BU. Auch deswegen war die Eigentümerschaft von BU nicht nur eine hochrentable Investition für unsere Anleger, sondern auch eine erfolgreiche Nachfolgeregelung für den Gründer. Vor allem aber markierte sie für das Unternehmen selbst den erfolgreichen Übergang in einen neuen Abschnitt seiner Geschichte unter dem Dach eines Weltkonzerns.

„Wir sind sehr dankbar für die Unterstützung durch BU in den zurückliegenden Jahren. Gemeinsam haben wir signifikante Fortschritte auf unserem Weg von einem europäischen Technologieführer zu einem globalen Marktführer gemacht", sagt Markus Schyboll, Geschäftsführer von EA.

Digitalisierung mit Weitblick: MEDIA Central als Beispiel

Während EA stark in Technologie und Internationalisierung investierte, zeigt ein zweites Beispiel, wie Beteiligungskapital ein traditionelles Geschäftsmodell neu ausrichten und zugleich einen sanften Generationswechsel begleiten kann.

Gerade Unternehmen, die über stabile Margen und eine starke Marktstellung verfügen, sträuben sich häufig, die Geldbringer im Portfolio durch neue Produkte zu ersetzen. Das zeigen prominente Fälle wie Nokia und Kodak. In anderen Fällen – und darum soll es hier gehen – gelingt es, dass neue, digitale Angebote eine Symbiose mit den etablierten Produkten eingehen, anstatt diese zu kannibalisieren. Gerade in solchen Fällen kann Beteiligungskapital einen großen Beitrag leisten, rentable Unternehmen in eine erfolgreiche digitale Zukunft zu führen.

Besonders deutlich wird das bei MEDIA Central. Das Unternehmen aus Mönchengladbach gehörte seit vielen Jahren zu den führenden Anbietern im Bereich der geografisch zielgenauen Verteilung von Werbeprospekten – insbesondere für große Einzelhandelsketten in Deutschland. Das Geschäft wuchs beständig und generierte stabile Cashflows. Seit der Gründung im Jahr 1997 hatte MEDIA Central in jedem Jahr ein Umsatzwachstum erzielt. BU wurde im Jahr 2016 auf das Unternehmen aufmerksam und trat in Kontakt – das Team hatte erkannt, dass sich die Stärke von MEDIA Central – lokale Werbeaktionen von Handelsketten und anderen Unternehmen zielgenau zu planen und umzusetzen – auch auf andere europäische Märkte übertragen ließ.

Der Gründer und CEO, Stefan Hamacher, suchte seinerseits nach einem Partner, der das Potenzial von MEDIA Central verstand und bereit war, das Geschäft umfassend zu digitalisieren: „Mir war klar, dass wir auch nach vielen erfolgreichen Jahren das Ende der Fahnenstange noch lange nicht erreicht hatten. Ganz im Gegenteil: Unser Kerngeschäft konnte auch auf dem Heimatmarkt noch kräftig weiterwachsen – vor allem, wenn es um ein starkes digitales Angebot ergänzt werden würde, das zudem internationale Chancen eröffnet. Auch unsere innerbetrieblichen Abläufe würden von Investitionen in Digitalisierung profitieren. Ich hatte also noch viel vor mit MEDIA Central, brauchte aber für die Planung und Umsetzung den richtigen Partner. BU gehörte zu den wenigen Investoren, die bereit und in der Lage waren, das Unternehmen so zu entwickeln, wie ich es mir vorgestellt hatte."

Zudem plante Hamacher, seine operative Führungsrolle mittelfristig abzugeben: „Die Erfahrung von BU in der Gestaltung von Unternehmensnachfolgen gab für mich letztlich den Ausschlag. Zusammen mit BU konnte ich meine Nachfolge schrittweise gestalten und damit die Kontinuität in der Unternehmensführung sicherstellen. Das hat das Vertrauen der Mitarbeitenden in unser Vorhaben und in die neuen Mehrheitseigentümer gestärkt."

Zu Beginn der Partnerschaft mit BU im Jahr 2019 blieb Stefan Hamacher weiterhin CEO der MEDIA Central. Schrittweise wurde die Übergabe der operativen Verantwortung auf COO Ingo Wienand in die Wege geleitet und schließlich im Jahr 2022 mit Hamachers Wechsel in den von BU eingesetzten Beirat abgeschlossen. Dort bringt Hamacher weiterhin wichtige Impulse für die Weiterentwicklung der Gruppe ein.

Der Umbau von MEDIA Central zu einem Multi-Channel-Spezialisten für Drive-to-Store-Marketing, bei dem es darum geht, potenzielle Kunden zu einem Besuch in der physischen Filiale anzuregen, begann im Jahr 2021 mit der Übernahme der Offerista Group. Das Berliner Unternehmen war bereits führend im digitalen Drive-to-Store-Marketing in der deutschsprachigen Region und Osteuropa. Die Integration von Offerista in die nun zur Gruppe erweiterte MEDIA Central barg für beide Seiten großes Wachstumspotenzial – bietet die Verbindung von gedruckter und digitaler Werbung doch einen großen Mehrwert. Die Kunden beider Unternehmen brauchten nur noch einen Anbieter, um beide Kanäle abzudecken, zudem profitierten sie von einer optimierten Kampagnenplanung. Weiter gestärkt wurde die junge Gruppe durch die Partnerschaften mit dem Datenspezialisten Yagora (2022) und Shop-Fully (2023), dem führenden, in Mailand ansässigen Anbieter für Digital-Drive-to-Store-Marketing in Südeuropa, Australien und Lateinamerika.

Durch die Integration der Unternehmen ist es dem Management von MEDIA Central und BU gemeinsam gelungen, den europäischen Marktführer für Angebotskommunikation zu formen. Die Verbindung von Daten, Digitalwerbung und gedruckten Anzeigen und Prospekten sorgt dafür, dass MEDIA Central seinen Kunden ein in seiner Breite und Tiefe einzigartiges Leistungsportfolio bieten kann, welches eine Kampagnenplanung und -steuerung auf einem bislang ungekannten Niveau ermöglicht. Kunden können ihre Marketingbudgets bei der MEDIA Central über mehre Marketingkanäle optimal platzieren, um die höchstmögliche Rendite zu erzielen.

Der gestiegene Kundennutzen spiegelt sich auf betriebswirtschaftlicher Ebene in einem Wachstum des Unternehmenswerts wider. Genau darin liegt der Kerngedanke einer Buy-and-Build-Strategie, wie sie BU bei vielen seiner Beteiligungen verfolgt: Ein Plattformunternehmen wird durch den Zukauf von weiteren Unternehmen, oft mit komplementärem Angebot, so gestärkt, dass es schlagkräftiger und wertvoller ist als die einzelnen Firmen. Damit dieser Ansatz in der Praxis funktioniert, setzt BU viele Hebel in Bewegung.

Einige davon möchten wir an dieser Stelle kurz am Beispiel von MEDIA Central beschreiben:

Management: BU verfügt über ein hervorragendes Netzwerk an Führungskräften, die in der Entwicklung von Unternehmen erfahren sind. So konnte BU beispielsweise mit Christof Knop ein ehemaliges Vorstandsmitglied der METRO als CFO der MEDIA Central Gruppe gewinnen. BU arbeitet aber ebenso gerne mit etablierten Managementteams zusammen. Im Fall von MEDIA Central übernahm mit Ingo Wienand ein Manager als CEO für den Klassikbereich, der bereits seit mehr als 15 Jahren dort beschäftigt war. Mit Stefano Portu, Gründer von ShopFully, kam ein CEO Digital ins Managementteam.

Beirat: BU unterstützt viele seiner Partnerunternehmen bei der Einrichtung und Besetzung eines Beirats. Dessen Mitglieder verfügen über weitreichende Erfahrungen, ein tiefes Branchenverständnis und eine exzellente Vernetzung. Damit können die Beiräte wichtige Impulse für die Weiterentwicklung des Unternehmens liefern, das Management in strategischen Fragen unterstützen und dabei helfen, wichtige Türen zu öffnen. Im Fall von MEDIA Central konnte BU drei hochkarätige Experten für den Beirat gewinnen.

Nachhaltigkeit: Wir legen bei unseren Beteiligungen großen Wert auf einen nachhaltigen Wertbeitrag. Bei MEDIA Central bezogen sich die Aktivitäten von BU in diesem Bereich vor allem auf die Digitalisierung des Geschäfts. So gelang es MEDIA Central, eine an Nachhaltigkeitskriterien geknüpfte Anleihe zu begeben, mit der die Übernahme von ShopFully und die weitere digitale Transformation finanziert wurden.

Nach den von MEDIA Central und BU gemeinsam erzielten Erfolgen folgte 2024 der nächste Entwicklungsschritt in Form des Zusammenschlusses mit der nordamerikanischen Flipp Operations Inc. Flipp ist wie MEDIA Central ein führender Anbieter für Drive-to-Store-Marketing-Lösungen, war allerdings auf den kanadischen und US-amerikanischen Markt fokussiert. Das Unternehmen hilft großen Einzelhändlern und Markenherstellern, ihr digitales Merchandising zu verbessern, indem lokale Werbeaktionen für Millionen Haushalte erstellt und verteilt werden. Flipp hatte sich in ähnlicher Weise wie MEDIA Central entwickelt und sein Geschäftsmodell ebenfalls digitalisiert. Durch den internationalen Zusammenschluss entstand ein globaler Branchenführer, was den beiden Unternehmen und ihren Kunden wiederum ganz neue Möglichkeiten eröffnet. So schafft die Kombination beider Plattformen ein innovatives digitales Merchandising-Netzwerk und eine Datenbasis, die Einzelhändlern und Markenherstellern dabei hilft, mit Konsumenten weltweit in Kontakt zu treten.

BU sieht großes Potenzial für die Gruppe und hat sich deshalb an ihr rückbeteiligt – ein Beleg für unsere besonders langfristige Beteiligungsperspektive.

Beteiligungskapital als Zukunftsinvestition für den Mittelstand

Die beiden Beispiele von EA und MEDIA Central zeigen exemplarisch, wie Nachfolge gelingen kann, wenn Unternehmen und Beteiligungsgesellschaft auf Augenhöhe an einem Strang ziehen. Sie verdeutlichen, welchen Wert Beteiligungskapital über die rein finanzielle Ebene hinaus stiften kann – als strategischer Impulsgeber, als Wegbereiter für Transformation und als vertrauensvoller Partner. In beiden Fällen markierte der Eigentümerwechsel nicht nur das Ende einer Ära, sondern den Beginn einer neuen Wachstumsphase.

In vielen Gesprächen mit Unternehmer:innen wird deutlich: Die Entscheidung für eine Nachfolge ist nicht leicht – und sie wird aktuell in einem Umfeld getroffen, das mehr denn je von Unsicherheit geprägt ist. Globale Spannungen, wirtschaftliche Volatilität und ein verändertes Finanzierungsumfeld verunsichern. Hinzu kommen Fachkräftemangel, gestiegene Kosten und Transformationsdruck. Gleichzeitig wächst aber auch das Bewusstsein dafür, dass gerade in solchen Zeiten die Wahl des richtigen Partners entscheidend ist – jemand, der Stabilität gibt, neue Impulse setzt und Unternehmen nicht nur erhält, sondern weiterentwickelt.

Eine Partnerschaft mit einem Beteiligungshaus umfasst längst mehr als den Zugang zu Kapital. Sie bedeutet Branchenkompetenz, Netzwerk, Internationalisierungskraft und strategisches Sparring auf Augenhöhe. Als BU begleiten wir mittelständische Marktführer und Hidden Champions mit genau diesem Anspruch: gemeinsam Werte zu schaffen – und weiterzugeben.

In Familienunternehmen, wie wir sie in der DACH-Region häufig begleiten dürfen, bedeutet Nachfolge weit mehr als den Verkauf eines Unternehmens. Es geht um die Übergabe eines Lebenswerks, oft mit emotionaler und generationsübergreifender Bedeutung. Der passende

Partner muss daher nicht nur das Geschäftsmodell verstehen, sondern auch den kulturellen Kontext, die unternehmerische DNA und die Bedeutung für Belegschaft und Region. In vielen Fällen ist BU der erste Ansprechpartner – nicht selten, weil wir nicht nur als Investor, sondern als Mitunternehmer auftreten: mit Respekt, unternehmerischer Erfahrung und dem festen Willen, Substanz zu stärken, statt sie auszutauschen.

Unser Erfolgsrezept basiert auf einem klaren Wertekompass – Vertrauen, Verantwortung, Verlässlichkeit – sowie auf einem systematischen Sourcing-Ansatz, gestützt durch Subbranchenexpertise in den Bereichen Industrial Tech, Software, Healthcare und Business Services. Dabei geht es uns nicht um kurzfristige Erträge. Es geht um dauerhafte Transformation, die Unternehmen robuster, innovativer und wettbewerbsfähiger macht. Um neue Märkte, bessere Strukturen, digitalisierte Abläufe, nachhaltige Wertschöpfung – und um das gute Gefühl, das eigene Unternehmen in guten Händen zu wissen.

Den Wandel mit verbesserten Rahmenbedingungen gestalten

Doch so wirksam Beteiligungskapital heute bereits ist, so groß ist auch das Potenzial, es in der Nachfolgethematik noch stärker zur Entfaltung zu bringen. Dafür braucht es bessere Rahmenbedingungen – politisch, regulatorisch und gesellschaftlich. Denn die Unternehmensnachfolge im Mittelstand ist nicht nur eine individuelle Herausforderung, sondern hat weitreichende gesamtwirtschaftliche Auswirkungen. Fehlende Nachfolgelösungen könnten laut DIHK zur Schließung von über einer Viertelmillion Betrieben führen, was erhebliche Konsequenzen für Beschäftigung, regionale Wertschöpfung und die Zukunft der Wirtschaft hätte.[46] Zu ähnlichen Zahlen kommt übrigens auch die KfW in ihrem Nachfolge-Monitoring Mittelstand 2024. Demnach erwägen 231.000 Unternehmen bis Ende des Jahres 2025 eine Stilllegung – 16.000 mehr, als eine Übergabe planen.[47]

Insofern erweist sich die Mobilisierung privaten Kapitals nicht nur für einzelne Unternehmen als Modernisierungskatalysator. Sie kann auch die Wirtschaft insgesamt voranbringen. Das gilt vor allem in einer Zeit, in der geopolitische Spannungen internationale Lieferketten brüchiger erscheinen lassen und volatile Energie- und Finanzierungskosten manche Bilanz als anfällig entlarven. Diese makroökonomischen Herausforderungen machen deutlich, wie wichtig es ist, Größenvorteile zu nutzen und Absatzmärkte zu diversifizieren. Zugleich macht der rapide technische Wandel große Investitionen nötig, um im globalen Wettbewerb nicht zurückzufallen. Um diesen Herausforderungen zu begegnen, braucht es nicht nur Kapital, sondern auch unternehmerisches Know-how und Mut zur Expansion.

Wir hoffen, es ist uns in diesem Beitrag gelungen, aufzuzeigen, welchen Beitrag Beteiligungskapital leistet, um Unternehmen dabei zu unterstützen, ihr Potenzial in einer global vernetzten Welt auszuschöpfen. Damit leistet unsere Branche auch einen erheblichen Beitrag zur Stärkung unseres Standorts und zum Erhalt der weltweit einzigartigen, mittelständisch geprägten Wirtschaftsstruktur in Deutschland. Deshalb sollte es im Interesse aller liegen, die Rahmenbedingungen für Unternehmensnachfolgen zu verbessern und den Zugang von Unternehmen zu Beteiligungskapital zu erleichtern.

Was konkret helfen würde:

1. Bürokratie abbauen, Prozesse beschleunigen

Unternehmensnachfolgen sind komplex genug – sie dürfen nicht an langsamen Verfahren scheitern. Notarielle Prozesse, Eigentumsübertragungen und öffentliche Genehmigungen müssen digitaler und effizienter werden.

2. Steuerliche Anreize verstärken
Die steuerliche Gleichstellung von Eigen- und Fremdkapital sollte verbessert werden. Verschonungsregeln im Erbschaftsteuerrecht müssen dauerhaft planbar bleiben – gerade bei nachhaltigen PE-Investoren, die Kontinuität sichern.

3. Wissen verbreiten
Noch immer ist Beteiligungskapital für viele Unternehmer:innen mit Vorurteilen behaftet. Kammern, Wirtschaftsverbände und die öffentliche Hand sollten verstärkt über Private Equity als Nachfolgeoption informieren – sachlich, praxisnah, ergebnisoffen und – siehe Punkt 5 – auch auf Basis solider Daten.

4. Nachhaltige PE-Investoren gezielt fördern
Beteiligungsgesellschaften, die hohe Nachhaltigkeitsstandards erfüllen, sollten bevorzugten Zugang zu staatlichen Programmen erhalten – etwa bei Digitalisierungs- oder Transformationsförderungen.

5. Forschung und Statistik verbessern
Wer politische Rahmenbedingungen gestalten will, braucht Daten. Die systematische Erfassung von Nachfolgeprozessen unter Beteiligung auch der Investoren könnte helfen, evidenzbasierte Politik zu machen und Potenziale gezielter zu heben.

BU steht bereit, sich in diesen Diskurs aktiv einzubringen. Wir wissen: Beteiligungskapital kann dort wirksam sein, wo andere Mittel nicht mehr ausreichen – wenn Know-how, Netzwerk und Kapital zusammenkommen, um aus Übergaben Aufbrüche zu machen. Der Mittelstand braucht solche Lösungen. Unsere Wirtschaft braucht sie. Und unsere Gesellschaft braucht sie – für Arbeitsplätze, Wettbewerbsfähigkeit und Fortschritt. Denn am Ende geht es nicht nur darum, ein Unternehmen zu übergeben. Es geht darum, seine Zukunft zu sichern – und gemeinsam mit dem richtigen Partner neue Kapitel zu schreiben.

Autor:innen-Profil:

Prof. Dr. Helmut Schönenberger ist Mitgründer und CEO von UnternehmerTUM, Europas größtem Zentrum für Innovation und Gründung. In seiner Diplomarbeit über den Vergleich der Stanford University mit der TUM hatte er empfohlen, ein Gründerzentrum in München zu etablieren. Daraus entstand 2002 mithilfe der Unternehmerin Susanne Klatten UnternehmerTUM. Seit 2019 ist er der Vice President für Entrepreneurship der TUM und seit 2023 Mitglied des Vorstandsteams des deutschen Start-up-Verbands.

Jasmin Eigemann ist Senior Expert PR bei UnternehmerTUM und gestaltet seit 2019 die Kommunikation des Gründungszentrums in München. Zuvor arbeitete sie in PR-Agenturen in Berlin und München mit Fokus auf Tech- und Start-up-Kommunikation sowie in der Fernsehproduktion und im NGO-Bereich. Die gebürtige Rheinländerin absolvierte an der Universität Passau ein Bachelorstudium der Kulturwirtschaft und anschließend an der Universität von Amsterdam ein Masterstudium der Communication Science.

Summary:

Deutsche Forscher:innen gehören zu den besten weltweit. Sie entwickeln Lösungen für die Herausforderungen unserer Zeit, von nachhaltiger Energiegewinnung bis zur Raketentechnologie. Start-ups, die aus diesen Deep-Tech-Forschungsfeldern entstehen, haben das Potenzial, neue Industrien mit Milliardenumsätzen aufzubauen, brauchen dafür aber eine umfangreiche Finanzierung und Förderung. Eine europaweite Zusammenarbeit von Forschung, Wirtschaft und Politik kann diese Rahmenbedingungen schaffen.

IM SCHULTERSCHLUSS ZUM WELTMARKTFÜHRER: WISSENSCHAFT UND WIRTSCHAFT ALS PARTNER FORSCHUNGSBASIERTER START-UPS

Das unternehmerische Potenzial in Deutschland ist riesig

Von Grundlagenforschung bis angewandter technischer Wissenschaft verfügt Deutschland über eine beeindruckende Vielfalt an Universitäten und Forschungseinrichtungen. Sie bringen bahnbrechende Ideen und Erkenntnisse hervor, ziehen weltweit anerkannte Forschende an und bilden Toptalente aus. Dieser Wissens- und Kompetenzschatz bildet den Grundstein für die wirtschaftliche Wettbewerbsfähigkeit Deutschlands. Und die Lösung globaler Herausforderungen.

Doch im Vergleich zu den USA ist Deutschland schlecht darin, diese Ideen wettbewerbsfähig zu nutzen. Laut dem European Deep Tech Report 2023 stecken Politik und Industrie zwar hierzulande, prozentual am BIP gemessen, mehr Geld in Forschung und Entwicklung als die USA, doch schwächelt die Umsetzung in Patente und Ausgründungen[48]. Besonders gravierend sieht es in der Skalierungsphase aus, in der Start-ups schnell wachsen und beginnen, Märkte zu besetzen: Um zur Weltspitze aufzuschließen und die technologische Souveränität nicht zu verlieren, muss sich die unternehmerische Umsetzungsgeschwindigkeit in Deutschland in den nächsten Jahren demnach verfünffachen. Doch woran hakt es? Woran „scheitert" der Forschungstransfer heutzutage?

Einfach gesagt werden Forschungsprojekte oft nicht zu Unternehmen, weil viele Forscherinnen eine Kommerzialisierung schlicht nicht als Teil ihrer Arbeit sehen[49]. Sie sind selten daran interessiert oder darauf vorbereitet zu gründen. Auch sollten mehr Universitäten Gründungsvorhaben als ihre Aufgabe sehen und Forschenden entsprechende Anreize anbieten oder die Lizenzierung geistiger Eigentumsrechte in Bezug auf Forschungsergebnisse vereinfachen. Zudem steht eine wirtschaftliche Denkweise im Kontrast zum wissenschaftlichen Arbeiten, da Wissenschaft in erster Linie auf Erkenntnisgewinn ausgerichtet ist. Diese Arbeit ist sehr akribisch und von Perfektion geprägt. Der staatliche Universitätsbetrieb ist meist bürokratisch und risikoscheu, insbesondere bei finanziellen und personellen Entscheidungen. Für Unternehmer:innen hingegen ist die Kommerzialisierung ihrer Idee zentral und damit die Gewinnung von Kund:innen, Investor:innen, Mitarbeitenden und Partnern. Geschwindigkeit und pragmatisches Entscheiden und Handeln sind wichtig, da Gründer:innen in Konkurrenz zu anderen Marktteilnehmer:innen stehen. Ein ambitioniertes Vorgehen und eine hohe Risikobereitschaft sind Grundlage für ihre Wettbewerbsfähigkeit.

Eine fundamentale Aufgabe des Forschungstransfers muss deshalb darin bestehen, Entrepreneurship als dritte Säule neben Forschung und Lehre an Universitäten zu etablieren und Wissenschaftler:innen für ein unternehmerisches Mindset zu sensibilisieren[50]. Darüber hinaus können universitätsnahe Gründungszentren eine Brücke zwischen Forschung und Wirtschaft schlagen und unternehmerisches Know-how,

Ressourcen und Personennetzwerke bündeln. Sie bieten einen geschützten Raum zum Ausprobieren und Testen von Forschungsergebnissen und Gründungsideen. Ein Umfeld, in dem sich unternehmerische Talente schnell entwickeln, da sie miteinander und voneinander lernen und auf dem vorhandenen Erfahrungsschatz aufbauen können. Es ermöglicht zudem, Kontakte zu etablierten Unternehmen als Kund:innen aufzunehmen oder Investor:innen zu gewinnen. Gründungszentren sind Taktgeber von Innovationsökosystemen, die sich ständig weiterentwickeln und professionalisieren. Sie können sich regelrecht zu Start-up-Fabriken entwickeln, die in „Serienproduktion" neue, innovative und wachstumsstarke Start-ups hervorbringen.

Kräfte bündeln im Isar Valley

München, in Anlehnung an das kalifornische Silicon Valley oft Isar Valley genannt, hat sich mittlerweile zu einem der dynamischsten Innovations- und Gründungsstandorte in Europa entwickelt[51]. Ein entscheidender Faktor für diesen Erfolg ist die einzigartige Bündelung der Kräfte von erstklassigen Hochschulen, einer ausgeprägten Start-up- und Investor:innenszene, einer Vielzahl von Konzernen und Mittelständlern sowie einer sehr aktiven Politik, die mit dem städtischen Wirtschaftsreferat und der bayerischen Hightech-Agenda diese Entwicklung befeuert. Im bundesweiten Vergleich weist München eine beispiellose Konzentration von DAX-Konzernen auf: Neben den deutschen Schwergewichten wie BMW oder Infineon haben auch internationale Tech-Giganten wie Apple, Amazon und Microsoft ihre Deutschlandzentralen in der bayerischen Landeshauptstadt angesiedelt. Ebenso wie Google, das hier seinen größten deutschen Standort unterhält. Die Anziehungskraft dieser nationalen und globalen Unternehmen bringt in der Folge immer mehr Toptalente an die Isar.

Darüber hinaus beheimatet die Stadt mit der Ludwig-Maximilians-Universität (LMU) und der Technischen Universität München (TUM) zwei der besten Universitäten Deutschlands sowie renommierte Forschungseinrichtungen von Weltrang wie die Fraunhofer-Gesellschaft und die Max-Planck-Gesellschaft. Die enge Zusammenarbeit mit der Wirtschaft zeigt sich unter anderem in der Ansiedlung von Siemens und SAP auf dem Forschungscampus der TUM in Garching. Der exzellente Ruf der Universität und die engen Kontakte zu Unternehmen ziehen jährlich über 15.000 Studierende aus aller Welt an. Ein Großteil der Studiengänge wird in englischer Sprache angeboten, und viele Absolvent:innen entscheiden sich dafür zu bleiben. Nicht wenige von ihnen entwickeln sich zu Topfachkräften in Münchens Unternehmen. Zudem gehört die Isarmetropole zu den lebenswertesten Städten weltweit. Ein vielfältiges kulturelles Angebot, gute Schulen und die Nähe zur Natur tragen zur Attraktivität der Stadt bei. Ein sich selbst verstärkendes System.

Start-up Fabrik UnternehmerTUM

Taktgeber und Epizentrum des Münchener Innovationsökosystems ist die im Jahr 2002 gegründete UnternehmerTUM GmbH[52]. Von der ersten Idee bis zum Börsengang erhalten Gründungsinteressierte hier umfassende Unterstützung. 17.000 Talente durchlaufen jährlich die zahlreichen Entrepreneurship- und Tech-Programme von Vorlesungen für Innovation, über Hackathons, in denen sie eigene Prototypen für reale Herausforderungen bauen, bis hin zu Innovationsprojekten mit Unternehmen. 2024 entwickelten 1.100 Teams ihre Ideen in den Programmen weiter. Start-ups, die von der TUM und UnternehmerTUM gefördert wurden, warben 2024 mehr als 2 Milliarden Euro privates Wagniskapital ein – rund ein Drittel des in Deutschland eingeworbenen Venture Capitals.[53] Diese „Serienproduktion“ als Start-up-Fabrik ist so erfolgreich, dass UnternehmerTUM 2025 zum zweiten Mal in Folge von der britischen Wirtschaftszeitung „Financial Times“ zu Europas führendem Gründungshub gekürt wurde. Entscheidend für die Platzierung war das starke Netzwerk für Tech-Gründende. Denn zum Ökosystem gehören auch über 500 Familienunternehmen und Konzerne, die mit den Start-ups kooperieren, Aufträge vergeben oder an Innovationsprojekten mit Expert:innen von UnternehmerTUM arbeiten.

Die Idee für das Gründerzentrum wurde in der Diplomarbeit von Helmut Schönenberger entwickelt, in der er die Gründungsaktivitäten der Stanford University mit denen der TUM verglich. Entscheidend für den erfolgreichen Start des Gründungszentrums in München war die Unterstützung des damaligen TUM-Präsidenten Prof. Dr. Wolfgang Herrmann und der weitsichtigen Unternehmerin Susanne Klatten. Die Familienunternehmerin gab auch den Impuls, UnternehmerTUM als wirtschaftlich agierendes, gemeinnütziges Unternehmen aus der TUM „auszugründen“, um eine optimale unternehmerische Dynamik entwickeln zu können. Mit Erfolg: Das Unternehmen ist heute Europas größtes Zentrum für Innovation und Gründung mit einer Vielzahl von Tochtergesellschaften und rund 500 Mitarbeitenden.

UnternehmerTUM möchte ein Paradies für Gründende sein: Dazu wird die Idee des Unternehmertums ganzheitlich gedacht. So begleitet das Zentrum Menschen in jeder Phase des Gründungsprozesses, von der ersten Idee und der Konzeption eines Geschäftsmodells bis zum Managementtraining, vom Markteintritt bis zum möglichen Börsengang. Von Anfang an zeigt UnternehmerTUM Studierenden mögliche unternehmerische Karrierepfade auf – häufig in praxisnaher Form von Hackathons, Makeathons, aber auch in Vorlesungen und Seminaren. Reift eine Gründungsidee, so kann diese in Programmen wie XPLORE (Pre-Incubator) und XPRENEURS (Incubator) zu ersten Produkten und Dienstleistungen weiterentwickelt werden. Der Accelerator TechFounders begleitet bei der Akquise, ersten Pilotprojekten mit Industriekunden und der frühen Finanzierungsrunde. Mit den TUM Venture

Labs fördern TUM und UnternehmerTUM Gründungen in zwölf Technologiefeldern wie Luft- und Raumfahrt, künstliche Intelligenz oder Robotik in unmittelbarer Anbindung an die Forschung.

Eine wichtige Aufgabe haben dabei die eigenen Venture-Capital-Fonds UnternehmerTUM Funding for Innovators und Unternehmertum Venture Capital Partners (UVC Partners). Denn gerade forschungsbasierte Start-ups benötigen oft viel Startkapital, um ihre Forschungsergebnisse weiterzuentwickeln oder Hardware-Prototypen zu bauen, um erste Kund:innen zu überzeugen. Seit 2012 ergänzt die Venture-Capital-Gesellschaft UVC Partners das Ökosystem. Sie investieren in frühphasige, disruptive B2B-Start-ups, insbesondere in den Bereichen Deep Tech, Climate Tech, Mobilität und Software/AI. Die initialen Investitionen reichen von 1 bis 10 Millionen Euro, mit einem Gesamtinvestment von bis zu 30 Millionen Euro pro Start-up. Der vierte Fonds umfasst ein Investmentvolumen von 250 Millionen Euro. Zudem können Gründungsteams für ihre Projekte frühzeitig Zuschüsse und Darlehen über UnternehmerTUM Funding vor Innovators beziehen, um sich auf eine VC-Finanzierung vorzubereiten.

Die potenziellen Marktführer der Zukunft

Von Raumfahrt über nachhaltige Energietechnik bis Clean Tech – die umfangreiche Förderung und Finanzierung von UnternehmerTUM brachte viele Deep Tech-Ausgründungen auf den Weg, die das Potenzial haben, neue Industrien mit Milliardenumsätzen aufzubauen.

Vier davon werden im Folgenden vorgestellt:

Vom studentischen Projekt zur Hoffnung der europäischen Raumfahrtindustrie

Der 30. März 2025 markierte einen Wendepunkt in der Europäischen Raumfahrt[54]. Nach Tagen des Wartens auf passable Windverhältnisse startete Isar Aerospace auf der norwegischen Insel Andøya ihre erste Trägerrakete. Über 30 Sekunden flog sie gen Weltall – ein Meilenstein! Für das Team, das wichtige Informationen für die Weiterentwicklung der Rakete sammeln konnte, und für die Souveränität Europas. Denn die 28 Meter große zweistufige Rakete soll eine Marktlücke schließen, indem sie kleine und mittelgroße Satelliten mit einem Gewicht von bis zu einer Tonne in die Erdumlaufbahn befördert. Das würde Europa die Möglichkeit geben, eigene Satelliten zu starten, ohne auf andere Weltraumstartplätze angewiesen zu sein.

Das Team um Daniel Metzler, Josef Fleischmann und Markus Brandl lernte sich an der TUM in der studentischen Gruppe Wissenschaftliche Arbeitsgemeinschaft für Raketentechnik und Raumfahrt (WARR) kennen. Die Initiative gibt es seit über 60 Jahren und ist Nährboden für zahlreiche Ausgründungen. Studierende erhalten alle Freiheiten beim Tüfteln an Raketentriebwerken und starten kleine Testraketen. Metzler, Fleischmann und Brandl machten mit ihren neu entwickelten Triebwerken zunächst die Europäische Weltraumorganisation (ESA) auf sich aufmerksam, der bald kaufinteressierte Unternehmen folgten. Das Team sah die Marktchance, gründete im Jahr 2018 aus und entwickelte mit Unterstützung des Inkubationsprogramms XPRENEURS ihr Geschäftsmodell und Netzwerk, in das UVC Partners und weitere befreundete Risikokapitalgeber investierten[55].

Heute produziert Isar Aerospace in ihren eigenen Werkhallen nahe München die ersten Raketen und beschäftigt an mehreren Standorten rund 400 Mitarbeitende. „Wir haben gezeigt, dass wir Raketen nicht nur entwickeln und bauen, sondern auch starten können. […] Jetzt geht es darum, alle Daten auszuwerten, daraus zu lernen und so schnell wie möglich wieder auf dem Startplatz zu stehen“, sagt Daniel Metzler, CEO und Mitgründer von Isar Aerospace.

Von der Grundlagenforschung zu Fusionskraftwerken in zehn Jahren

Saubere und nahezu unerschöpfliche Energie durch Kernfusion ist der Traum vieler Forscher:innen.[56] Seit Mitte des 20. Jahrhunderts scheint eine technische Umsetzung möglich. „Die Kernfusion liegt immer 30 Jahre in der Zukunft“, ist ein alter Spruch in der Fusionsforschung. Er betont scherzhaft die lange Entwicklungszeit und die hohen technologischen Herausforderungen, die bewältigt werden müssen, um kommerzielle Kernfusionskraftwerke zu entwickeln. Das Energie-Start-up Proxima Fusion will es in unter zehn Jahren schaffen. Mit einer im Max-Planck-Institut für Plasmaphysik entwickelten Stellarator-Lösung setzt Proxima auf einen Reaktor, der kompakter und damit kostengünstiger ist als bisherige Konzepte und schneller gebaut werden kann. Bis 2031 will das Unternehmen mit „Alpha“ den ersten Fusionsreaktor bauen, der mehr Energie erzeugt, als er verbraucht. In den 2030er-Jahren soll ein marktreifes Fusionskraftwerk folgen und Strom ins Netz einspeisen. Ein so ambitionierter Plan, auch als „Moonshot“ bezeichnet, funktioniert nur mit einem ausgezeichneten Gründungsteam, ausreichender Finanzierung und einem stringenten Plan. So werden beispielsweise vor dem Bau eines Prototypen mögliche Fehlerquellen und Szenarien in aufwendigen KI-Modellen simuliert. Zudem erhielt das Unternehmen 2024 eine Seed-Finanzierung über 20 Millionen Euro und schloss 2025 mit 130 Millionen Euro die bislang größte private Finanzierungsrunde für Fusionsenergie in Europa ab. Eine bisher noch offenstehende Aufgabe ist es, den für die Fusion benötigten Brennstoff Tritium herzustellen. Dafür möchte Proxima mit anderen Unternehmen zusammenarbeiten. Die gemeinsamen Anstrengungen und die hohe Geschwindigkeit, in der Proxima Fusion ihre Technologie entwickelt, stimmen zuversichtlich, dass der Traum von unerschöpflicher Energie im nächsten Jahrzehnt Realität werden könnte.

Mit Datengrundlage den CO_2-Ausstoß strategisch angehen

Ob durch Elektrizität oder die verwendeten Materialien – produzierende Unternehmen stoßen Emissionen aus und hinterlassen einen CO_2-Abdruck[57]. Diese Emissionen zu reduzieren, kann deshalb ein großer Wettbewerbsvorteil sein. Zudem müssen die Daten ab einer gewissen Unternehmensgröße nach neuen EU-Regularien offengelegt werden. Doch gerade das fällt vielen mittelständischen Produzenten schwer, da ihnen häufig eine umfassende Datengrundlage zu ihren Produkten und Lieferketten fehlt. Das Clean-Tech-Start-up Tanso hat dieses Problem erkannt und eine Technologie entwickelt, die es ermöglicht, eine Vielzahl von Daten – von Arbeitsabläufen bis Stromverbräuchen – automatisiert zu sammeln. Auf dieser Basis können die Unternehmen ihren CO_2-Ausstoß für Reportings besser berechnen, aber auch Einsparpotenziale in der Produktion identifizieren. Zudem können sie nachweisen, wie ihre Emissionen im Vergleich zu Wettbewerbern stehen.

Die Technologie basiert auf der Masterarbeit von Gründerin Gyri Reiersen an der TUM. Mit ihrem Mitgründer Till Wiechmann absolvierte sie das Zusatzstudium des Center for Digital Technology and Management (CDTM) von LMU und TUM, bei dem die Studierenden in interdisziplinären Teams neue Technologien entwickeln und eine Firmengründung anstreben können. Eine Pre-Seed-Finanzierung von 1,6 Millionen Euro und eine Anschlussfinanzierung in Höhe von 6,5 Millionen Euro aus öffentlichen und privaten Geldern halfen Tanso, sich erfolgreich am Markt zu etablieren. Durch den Fokus auf produzierende Unternehmen unterstützt das Start-up die emissionsstarke Industrie seither erfolgreich dabei, Klimaneutralität zu erreichen.

In nur drei Jahren zum marktreifen und hocheffizienten Minikraftwerk

Herkömmliche Gasmotoren arbeiten wenig effizient und stoßen weltweit Millionen Tonnen CO_2 aus[58]. Die auf Brennstoffzellen basierenden Anlagen von Reverion erreichen hingegen einen Wirkungsgrad von bis zu 80 Prozent bei der Stromerzeugung. Dies entspricht einer Verdoppelung der Effizienz im Vergleich zu Verbrennungsmotoren! Zudem können die Anlagen reversibel betrieben werden: In Zeiten von Stromüberschuss erzeugen sie synthetisches Methan oder grünen Wasserstoff und speichern so erneuerbare Energie, die ansonsten ungenutzt bliebe. Diese flexible Anpassung stabilisiert das Stromnetz und nutzt erneuerbare Energiequellen optimal aus. Außerdem fangen die Kraftwerke im Prozess entstehendes CO_2 auf, wodurch eine CO_2-negative Stromerzeugung aus Biogas möglich wird.

Das Spin-off entstand 2022 aus einem Forschungsprojekt des Lehrstuhls für Energiesysteme der TUM. Heute, kaum drei Jahre später, arbeitet das Team aus mittlerweile 100 Mitarbeitenden an der Serienproduktion. Ermöglicht wurde es durch 62 Millionen Dollar öffentlicher und privater Investorengelder, die Unterstützung im TUM Venture Lab ChemSPACE sowie das Inkubatorprogramm XPRENEURS und das Acceleratorprogramm TechFounders von UnternehmerTUM. Insbesondere Landwirte und Industrieunternehmen interessieren sich für die nachhaltigen Kraftwerke und bestellen bereits im Wert von 100 Millionen Euro vor.

All diese Start-ups sind auf einem guten Entwicklungsweg, benötigen aber in den nächsten Jahren beachtliche Investitionsbeträge, um in ihren jeweiligen Märkten eine führende Position erreichen zu können. Für ihr weiteres Wachstum fehlt Deutschlands Scale-ups vor allem eins: Growth Capital in Milliardenhöhe. Die notwendigen Wachstumsinvestitionen kommen bisher vor allem aus den USA. Dadurch macht sich Deutschland abhängig und es besteht die Gefahr, dass deutsche Scale-ups ins außereuropäische Ausland abwandern, weil sie dort bessere Rahmenbedingungen vorfinden. Damit aber Weltklasse-Forschungsergebnisse aus Deutschland zu Weltklasse-Unternehmen in Deutschland wachsen, ist es notwendig, mehr privates Kapital durch Venture Capital zu mobilisieren, insbesondere von institutionellen Investoren wie Versicherungen und Pensionsfonds. Die WIN-Initiative der Bundesregierung und der KfW haben diese Herausforderung bereits aufgegriffen und entwickeln gemeinsam mit Marktteilnehmern konkrete Lösungen, damit der Kapitalmarkt Innovationen besser unterstützt und gleichzeitig von der Wertschöpfung profitiert.

Start-up Factories: deutschlandweit Innovationsökosysteme ausbauen

Würden an nur zehn bis 15 forschungsintensiven Standorten hochproduktive Start-up-Fabriken wie UnternehmerTUM entstehen, wäre Deutschland eines der Tech-Start-up-stärksten Länder der Welt[59]. Alle Voraussetzungen sind vorhanden. Das ist die Idee, aus der 2023 der von der Bundesregierung geförderte EXIST-Leuchtturmwettbewerb Start-up Factories entstand. Im Jahr 2025 haben sich deutschlandweit 15 Ökosysteme, die rund 120 Hochschulen und Forschungsinstitute zusammenbringen, auf den Weg gemacht, ein innovatives Unternehmertum an Hochschulen zu stärken. Die wirtschaftlich agierenden Gründungszentren finanzieren sich in der fünfjährigen Pilotphase mindestens zu 50 Prozent aus privaten Mitteln und entwickeln eigene, nachhaltig tragfähige Geschäftsmodelle. Zudem bringen sich etablierte Unternehmen und Unternehmerfamilien ein, die die nächste Generation von Unternehmer:innen und ihren Standort stärken möchten und deshalb die Innovationszentren unterstützen – wie beispielsweise Dieter Schwarz in Heilbronn, Hasso Plattner in Potsdam oder Susanne Klatten in München. Die Aufgabe der Factories ist es, eng mit Hochschulen, Forschungseinrichtungen, Start-ups und der etablierten Wirtschaft zu kooperieren, die Gründungsförderung weiter zu professionalisieren und so die Anzahl und Qualität an wachstumsorientierten Ausgründungen zu erhöhen.

Den Aufbau der Start-up Factories unterstützt UnternehmerTUM mit dem Learning and Exchange Center for Innovation and Entrepreneurship Practice (LEC) durch Wissenstransfer, Netzwerkvermittlung und Austausch. Dazu gehören regelmäßige Veranstaltungen, die Erstellung und Bereitstellung von Handbüchern sowie die Weiterentwicklung der rechtlichen und finanziellen Rahmenbedingungen.

Das LEC greift auf umfangreiches Wissen und Best Practices in der Gründungsförderung von UnternehmerTUM und auf ein starkes Netzwerk internationaler und nationaler Gründungszentren zurück. Gefördert wird das Learning and Exchange Center von der Joachim Herz Stiftung aus Hamburg. Langfristig sollen ein Bündnis der deutschen Start-up Factories und ein reger Wissensaustausch entstehen. Denn jedes Zentrum und jede Region bringen eigene Stärken mit – wie ein über Jahrhunderte gewachsenes Logistikcluster durch den Hafen in Hamburg oder eine ausgeprägte Expertise in der Zukunftstechnologie Halbleiter in Sachsen.

Um die Wirkung der Gründungsförderung ganzheitlich und regelmäßig zu erfassen, steht den Factories eine „KPI-Toolbox" zur Verfügung. Anhand von elf Indikatoren lassen sich Daten in vier strategischen Bereichen erheben: der wirtschaftlichen Grundlage eines Gründungszentrums (1) und entlang des Lebenszyklus eines geförderten Start-ups vom ersten Kontakt mit unternehmerischen Angeboten (2), einer erfolgreichen Gründung (3) bis zum Exit (4). Daraus ergibt sich ein ganzheitliches Bild über den Erfolg der Fördermaßnahmen. Start-up-Zentren können so gezielt funktionierende und nicht fruchtende Maßnahmen aufdecken, entsprechend nachsteuern, aber auch erfolgreiche Maßnahmen anderer Zentren vergleichen und integrieren. Diese Sammlung an Kennzahlen wurde mit der Strategieberatung Boston Consulting Group und dem Stifterverband entwickelt.

Stärkung der deutschen und europäischen Souveränität

Der europäische Binnenmarkt ist einer der größten und vielfältigsten Wirtschaftsräume der Welt. 440 Millionen Menschen leben, arbeiten und konsumieren hier und damit knapp 100 Millionen mehr als in den USA[60]. Erfolgreiche Universitäten, gut ausgebildete Fachkräfte, ein enger Austausch zwischen den Mitgliedstaaten, gemeinsame europäische Werte und funktionierende Sozialsysteme bilden ausgezeichnete Rahmenbedingungen für eine florierende Wirtschaft. In vielen Ländern haben sich dynamische Start-up-Ökosysteme an Hochschulen entwickelt, etwa in Cambridge und Oxford in Großbritannien, an der ETH Zürich in der Schweiz sowie HEC und Station F in Paris und dem DTU Skylab in Kopenhagen[61]. Unterstützt werden sie von fast 1.000 EU-basierten Risikokapitalfonds und einer Generation erfolgreicher Gründer:innen, die die nächste Welle Start-ups fördern und in sie reinvestieren[62].

Dennoch können europäische Start-ups die Vorteile des eigenen Binnenmarktes nicht umfassend nutzen. Der Markt ist aktuell fragmentiert, lokal orientiert und oftmals bürokratisch. Start-ups müssen sich mit den Regulierungen jedes Landes einzeln auseinandersetzen, Anträge stellen und sich überall erneut als Firma anmelden. Es gibt bisher keine übergeordnete Einheit, denn auch Innovationsökosysteme und regulatorische Unterstützungen für Innovationen sind regional. Zudem verfügen europäische Start-ups in der Regel über weniger Ressourcen als ihre internationalen Konkurrenz. Ein Großteil des Venture Capitals zur Skalierung kommt beispielsweise nach wie vor aus den

USA. In Situationen politischer Unstimmigkeiten bedeutet dies ein großes Risiko für Europas Souveränität.

Erfreulicherweise gibt es inzwischen viele Bestrebungen, die strukturellen Herausforderungen in Bezug auf Innovation und Wettbewerbsfähigkeit anzugehen und ein einheitliches Innovationssystem in Europa zu stärken. Auch die EU sieht den Handlungsbedarf und schuf deshalb 2024 die Position einer Kommissarin für Start-ups, Forschung und Innovation. Ein wichtiger Schritt.

Folgende ganzheitliche und pragmatische Ansätze würden die Situation europäischer Start-ups zudem erheblich verbessern[63]:

Ein gemeinsamer Markt

- Mit einer paneuropäischen Rechtsform könnten europäische Start-ups Bürokratie, Kosten und Risiken bei der Gründung und Verwaltung einsparen. Und sich wie Start-ups in den USA oder China im eigenen Binnenmarkt einfacher ausbreiten. Für eine konkrete Umsetzung setzt sich die Petition EU-INC.org ein[64].
- Schon heute tragen Netzwerke aus universitätsnahen Gründungszentren wie RISE EUROPE dazu bei, einzelne europäische Innovationsökosysteme zu einem zusammenzuführen. Als Impulsgeber:innen arbeiten sie eng mit der Europäischen Union zusammen und entwickeln verbesserte Rahmenbedingungen für Start-ups.
- Orientiert am Vorbild der Deutschen Initiative Start-up Factories könnte Europa besonders gründungsstarke Hubs an forschungsstarken Universitäten aufbauen und so Forschungsergebnisse noch schneller und gezielter in Weltklasse-Start-ups umsetzen. Entrepreneurship sollte neben Bildung und Forschung zur dritten Säule an europäischen Topuniversitäten werden und mindestens 1 Prozent ihres Budgets umfassen.

Finanzierung

- Mit mehreren EU Scale-up Funds, die jeweils über ein Fondsvolumen im Milliardenbereich verfügen, könnten die erheblichen Finanzierungslücken für Scale-ups in Europa gelöst werden. Bestehende Ansätze wie die European Tech Champions Initiative könnten dafür in Zusammenarbeit mit Rentenfonds, Family Offices und Stiftungen gezielt erweitert werden. Als Vorbild dienen Initiativen wie die französische Tibi-Initiative oder die deutsche WIN-Initiative.
- Die EU könnte zudem eine aktive Rolle als Kunde von innovativen Produkten und Dienstleistungen übernehmen und verstärkt öffentliche Aufträge an Start-ups und Scale-ups vergeben. Ausschreibungen müssten so formuliert werden, dass sie auch für junge Unternehmen zugänglich sind, da große staatliche Aufträge für Wachstumschancen und finanzielle Stabilität sorgen. Die Vergabekriterien könnten so gestaltet werden, dass Chancen und weniger Risiken im Fokus stehen. Damit würde nicht nur auf die Erfolgsbilanz und die Erfahrung der Vergangenheit bei Bewerbenden geschaut, sondern auch das Innovationspotenzial für die Zukunft und ihre neue technologische Kompetenz stärker gewichtet werden.
- Auch die Vereinfachung von Fremdfinanzierung durch die Ausweitung der Tätigkeiten der Europäischen Investitionsbank (EIB) könnte zu einer besseren Finanzierung von Start-ups führen. Der gleichzeitige Einsatz öffentlicher Kreditgarantien würde beispielsweise dazu beitragen, die Realisierung von Großprojekten finanziell auch für private Geldgeber tragbar zu machen. Eine optimierte Zusammenarbeit zwischen privaten Hausbanken und staatlichen Finanzinstituten bei der Kreditvergabe wäre ebenfalls eine Unterstützung.

Regulierung

- Derzeit werden Unternehmensgründungen durch überbordende Bürokratie und Vorschriften gebremst. Stattdessen brauchen Start-ups Rechtssicherheit in Bezug auf die europäische Regulierung, um ihr Unternehmen nachhaltig aufbauen zu können.
- Anwerbung und Anstellung ausländischer Talente können über die Grenzen hinweg erhebliche Vorteile bringen. Der Mangel an qualifizierten Arbeitskräften stellt für das Wachstum von Start-ups eine Herausforderung dar.
- Europa muss technologische Experimente durch die Einrichtung von „Sandkästen" ermöglichen, in denen neue Technologien wie künstliche Intelligenz und innovative Energiequellen wie die Kernfusion schnell und unkompliziert getestet werden können.

Gemeinsam weltführende Deep-Tech-Unternehmen aufbauen

Gemeinsam kann Europa sein beträchtliches Potenzial heben und eine führende Rolle bei der Förderung von Unternehmensgründungen übernehmen. Eine Vereinfachung, Standardisierung und Beschleunigung des Technologietransfers aus wissenschaftlichen Einrichtungen ist dabei ausschlaggebend für den Erfolg. Wenn es uns gelingt, die unternehmerische Ausbildung flächendeckend an europäischen Universitäten zu etablieren sowie die Initiierung und Skalierung von neuen Unternehmen mit ausreichend Finanzierung zu sichern, können bisher schlummernde Innovationspotenziale viel besser genutzt werden. Im Schulterschluss können Forschung, Wirtschaft und Politik auf diese Weise Schritt für Schritt ideale Rahmenbedingungen schaffen und neuen Weltmarktführern made in Europe den Weg bereiten.

Autor:innen-Profil:
Prof. Dr. Heike Marita Hölzner ist Professorin für Entrepreneurship an der HTW Berlin, Mitgründerin der Sirius Minds GmbH und Gründungsmitglied von encourageventures e. V. Sie lehrt und forscht im Themengebiet Entrepreneurship und Venture Capital. Als Mitglied in zahlreichen Boards und Beirat der KfW Capital verknüpft sie Wissenschaft und Praxis. Für ihre wissenschaftliche Arbeit und ihr Engagement für mehr für Vielfalt im deutschen Start-up-Ökosystem wurde Professor Hölzner vielfach ausgezeichnet.

Summary:
Venture Capital entfaltet seine Wirkung weit über einzelne Start-ups hinaus. Im Vergleich zu klassischen F&E-Investitionen setzt es deutlich stärkere Impulse für Innovation und Produktivität und kämpft dennoch in Deutschland mit Akzeptanz- und Imageproblemen. Der vorliegende Beitrag zeigt anhand aktueller Daten und Fallbeispiele, welche positiven Spill-over-Effekte durch Venture Capital ausgelöst werden. Die Assetklasse zeigt sich als Treiber für Fortschritt und interessante Option für neue Investorengruppen.

KAPITAL MIT HEBELWIRKUNG – WARUM WIR EIN NEUES NARRATIV FÜR DIE ENTSCHEIDENDE FINANZIERUNGSFORM UNSERER ZEIT BRAUCHEN

Es ist Zeit für ein neues Narrativ in Deutschland

Bei einer Einwohnerzahl von 83 Millionen Menschen hat Deutschland in den letzten Jahren 46 Start-ups mit einer Unternehmensbewertung von mindestens 1 Milliarde US-Dollar hervorgebracht. Das macht pro 1 Million Einwohner:innen ein halbes sogenanntes „Einhorn". In Schweden ist es eines, in den USA sind es drei und in Estland sind es sage und schreibe sieben Einhörner pro 1 Million Einwohner:innen.[65] Das ist das höchste Verhältnis in Europa und unterstreicht Estlands bemerkenswerte Position in der globalen Start-up-Landschaft. Aber was ist mit Deutschland los? Wie kann es sein, dass in einem Land, das so stolz auf seinen Erfindungsgeist ist, so wenige Tech-Champions groß werden?

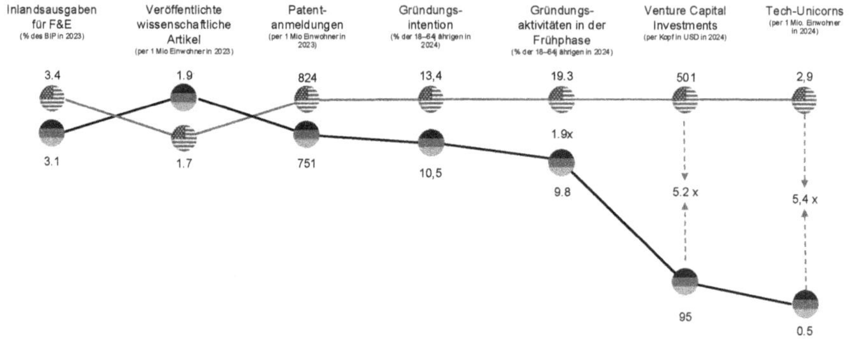

ABBILDUNG 1

Quellen: Eurostat, Pitchbook, Global Entrepreneurship Monitor und Econsight.

Im Verhältnis zu seinen Ausgaben für Forschung und Entwicklung bringt Deutschland mehr wissenschaftliche Publikationen hervor als die USA, doch dann öffnet sich die Schere: Pro Kopf werden bei uns weniger Patente angemeldet. Zu wenige Menschen verspüren zudem den Wunsch, ein Unternehmen zu gründen, und noch weniger setzen diesen tatsächlich um. Die, die es tun, stoßen dann auf zahlreiche Hürden. Zu den drei wichtigsten Forderungen, die Start-ups an die Politik richten, zählen neben der Digitalisierung von Verwaltungsdienstleistungen und Steuererleichterungen seit Jahren bessere Finanzierungsbedingungen.

Dennoch nimmt der Kapitalbedarf junger Wachstumsunternehmen in Deutschland stetig zu. Das ist eine gute Nachricht, denn sie zeigt, dass sich ein lebendiges Start-up-Ökosystem entwickelt hat, in dem immer mehr Unternehmen überschreiten die Schwelle zur Skalierung und Internationalisierung erreichen. Doch das deutsche Finanzierungssystem hält mit dieser Dynamik nicht Schritt. Nur gut 16 Prozent der einheimischen Start-ups bewerten das derzeitige Finanzierungsumfeld als positiv, über die Hälfte nimmt es als eher schlecht wahr.[66] Mehr denn je stellt sich die Frage, wie wir zusätzliches Venture Capital mobilisieren können.

Grundsätzlich kann der Staat als Ankerinvestor privates Kapital mit öffentlichen Mitteln hebeln. Dass dieses Prinzip funktioniert, sieht man an Beispielen wie dem High-Tech Gründerfonds und zuletzt auch dem Wachstumsfonds Deutschland. Von 1 Milliarde Euro Investitionsvolumen stammen rund zwei Drittel aus privater Hand.[67] Öffentliche Mittel sind jedoch naturgemäß begrenzt und ihr Anteil am inländischen VC-Fundraising ist in Deutschland bereits heute vergleichsweise hoch.[68] Es muss auch anders gehen.

Kapital folgt nicht nur Anreizen, es folgt auch Narrativen. Wenn wir spürbar mehr privates Geld in zukunftsweisende Technologien und Geschäftsmodelle lenken wollen, braucht es neben verbesserten Rahmenbedingungen auch ein Umdenken in der Wahrnehmung von Venture Capital: nicht als elitäre Anlageform für besonders risikofreudige Investor:innen, sondern als Innovationsbeschleuniger, Wissenstransmitter, Talentmobilisator und Impulsgeber für ganze Regionen. Die empirische Evidenz ist eindeutig, wie wir sehen werden.

Wie Venture Capital wirkt – Empirische Evidenz zu Spill-over Effekten

Die positiven externen Effekte, die Venture Capital weit über das einzelne Start-up hinaus bewirkt, werden in der Wissenschaft als „Spill-overs" bezeichnet. Sie lassen sich drei Bereichen zuordnen: technologisch, ökonomisch und sozial.

Technologische Spill-overs oder wie Wissen Wellen schlägt

Schon zu Beginn der 2000er-Jahre zeigte sich in den USA, dass VC-finanzierte Unternehmen zwar nur etwa 3 Prozent der privaten F&E-Investitionen tätigten, aber für 8 Prozent aller gewerblichen Patente verantwortlich waren. 1 US-Dollar Venture Capital erzeugte demnach fast dreimal so viele Patente wie 1 Dollar, der in unternehmensinterne Forschung und Entwicklung floss.[69] Diese überproportionale Innovationswirkung von Wagniskapital wurde seither in zahlreichen Untersuchungen bestätigt.[70] Und sie reicht über das Einzelunternehmen hinaus: Die Wirtschaftsweise Monika Schnitzer konnte 2022 nachweisen, dass zwei Drittel der durch Venture-Capital-Finanzierung ausgelösten Patente nicht von den finanzierten Start-ups selbst stammten. Sie wurden von etablierten Unternehmen in technologisch verwandten Feldern angemeldet. Ausgelöst aber wurden sie von den Ideen der nahestehenden Start-ups, weil diese kontinuierlich Innovationsimpulse setzten.[71]

Besonders stark wirken technologische Spill-overs in vernetzten Technologiefeldern wie künstlicher Intelligenz oder Robotik. Wissen ist dort weniger abschottbar und diffundiert schnell über Unternehmensgrenzen hinweg. Anders sieht es in Feldern wie der Pharmaindustrie aus, wo einzelne Patente bereits reichen können, um Innovationen umfassend zu schützen. Hier bleiben die Spill-over-Effekte strukturell bedingt geringer.

Mindestens so wirkungsvoll wie der Wissenstransfer über Publikationen, Patente oder Konferenzen ist jener über Talente. Mitarbeitende, die ein VC-finanziertes Start-up verlassen, gründen oft selbst, wechseln in etablierte Unternehmen oder in die Wissenschaft und nehmen ihre Denkweisen, Tools und Technologien mit. So haben Managementkonzepte wie Lean Start-up, Customer Orientation & Co. ihren Einzug in das Konzernleben gefunden. Wissen wandert und mit ihm die Innovationskultur. Was in einem kleinen Team begann, entwickelt sich über personelle Diffusion zum Innovationsimpuls für ganze Branchen. Sehr gut lässt sich dieses Phänomen derzeit im Bereich der künstlichen Intelligenz beobachten. Alumni aus den Start-ups der ersten Generation, wie OpenAI oder DeepMind, besetzen mittlerweile

Schlüsselpositionen in neuen KI-Start-ups oder bei Techkonzernen wie Microsoft, SAP oder Bosch.

Diese Dynamik zeigt: Venture Capital ist damit weit mehr als eine Finanzierungsform. Es wirkt als zentraler Mechanismus, um technologische Innovationen über Unternehmensgrenzen hinaus wirksam werden zu lassen und prägt die Wettbewerbsfähigkeit ganzer Volkswirtschaften.

Ökonomische Spill-overs oder warum Wachstum ansteckend ist

Start-ups, die Wagniskapital erhalten, wachsen schneller. Der Grund liegt auf der Hand: Das zur Verfügung stehende Kapital ermöglicht es, neue Mitarbeitende anzustellen, wodurch die Produktentwicklung beschleunigt wird und Umsätze steigen. Das belegt eine Langzeituntersuchung aus den USA, die nachweisen konnte, dass über einen Zeitraum von 30 Jahren die Anzahl der Beschäftigten in VC-finanzierten Unternehmen achtmal schneller zunahm als in Firmen ohne Venture Capital. Noch beachtlicher, sie blieb selbst in wirtschaftlichen Abschwungphasen stabil. Während andere Sektoren Stellen abbauten, konnten Start-ups mit Venture Capital häufig sogar wachsen.[72]

Doch damit ist die volkswirtschaftliche Dynamik von Venture Capital noch längst nicht ausgeschöpft. Regionen mit intensiver VC-Aktivität verzeichnen auch jenseits des Einzelunternehmens signifikant höhere Beschäftigungszuwächse und Löhne als vergleichbare Regionen ohne Venture Capital.[73] Denn gut finanzierte Start-ups erzeugen Nachfrage entlang der gesamten Wertschöpfungskette: von spezialisierten Dienstleistern über technologische Zulieferer und IT-Infrastrukturen bis hin zu rechtlicher und steuerlicher Beratung. Rund um diese Unternehmen entstehen neue Märkte, Netzwerke und Innovationscluster. Wer Wagniskapital bereitstellt, finanziert also nicht bloß ein Unternehmen, sondern investiert in die regionale Infrastruktur der nächsten Innovationsgeneration. So haben in den 2010er-Jahren Venture-Capital-Investitionen in Berlin Unternehmen wie Zalando, Delivery Hero oder Auto1 hervorgebracht, deren Erfolg wiederum eine Welle weiterer Gründungen auslöste. Rund um diese Erfolgsgeschichten entwickelte sich ein dichtes Geflecht aus Co-Working-Spaces, Gründungsservices, spezialisierten Agenturen und einer lebendigen Investorenlandschaft. Im ersten Halbjahr 2025 stammten 33 Prozent aller in Deutschland VC-finanzierten Start-ups aus Berlin. Eine ähnliche Erfolgsgeschichte lässt sich in der Region München beobachten. Dort ansässige Start-ups nahmen im gleichen Zeitraum 45 Prozent des nationalen Finanzierungsvolumens ein.[74]

Diese regionalen Effekte schlagen sich auch auf der makroökonomischen Ebene nieder. Cross-Country-Analysen für 16 OECD-Staaten belegen: Jeder zusätzlich investierte Euro Venture Capital steigert das Bruttoinlandsprodukt um durchschnittlich 3,30 Euro. Das ist ein Multiplikatoreffekt, der den klassischer F&E-Investitionen deutlich übertrifft.[75] Umgekehrt bleibt dort, wo Venture Capital fehlt, Wachstumspotenzial weitgehend ungenutzt. Der Internationale Währungsfonds führt die geringe VC-Aktivität in Europa sogar als einen zentralen Grund für die seit 2000 gewachsene Produktivitätslücke gegenüber den USA an.[76] Simulationen für die USA legen nahe, dass das jährliche BIP-Wachstum ohne VC um bis zu 0,5 Prozentpunkte niedriger ausfallen würde.[77]

Am Ende ist also auch die ökonomische Bilanz von Venture Capital eindeutig positiv: Es erzeugt mehr Beschäftigung, höhere Einkommen, zusätzliche Gründungen, wachsende Unternehmensgewinne und damit verbunden auch steigende Steuereinnahmen. Die gesellschaftliche Rendite von VC-Investitionen beträgt ein Vielfaches der privaten Rendite.

Soziale Spill-overs oder wie aus Vorbildern Bewegungen werden

In Deutschland können sich nur rund 5 Prozent der 18- bis 64-Jährigen vorstellen, ein eigenes Unternehmen zu gründen. In Schweden sind es 7 Prozent, in Frankreich 7,7 Prozent und in den USA sogar 12,3 Prozent.[78] Wie lässt sich dieser Unterschied erklären?

Die Gründungsneigung in einer Bevölkerung hängt wesentlich davon ab, wie Unternehmertum gesellschaftlich wahrgenommen wird. Wer glaubt, Gründen sei nur etwas für Genies oder Millionenerben, wird den Schritt kaum wagen. Erfolgsgeschichten VC-finanzierter Start-ups können die öffentliche Wahrnehmung verändern. Sie beweisen, dass es möglich ist, Ideen umzusetzen, und ermutigen andere, selbst den Schritt zu wagen. Erfolgreiche Gründer:innen greifen zudem häufig auf ihre gesammelte Management- und Technologieerfahrung zurück, um neue Unternehmen zu starten. Als Serial Entrepreneurs gelingt es ihnen dabei oft, schneller Finanzierung zu sichern und die Erfolgschancen ihrer Vorhaben zu erhöhen.[79] Andere werden nach dem erfolgreichen Exit selbst zu VC-Investor:innen oder Business Angels. Kapital, Wissen und Netzwerke zirkulieren so immer weiter. Es entsteht ein unternehmerisches Ökosystem, das von Erfahrung, Vertrauen und gegenseitiger Unterstützung lebt. Dieses Prinzip der unternehmerischen Wiederholung ist ein wesentlicher Strukturvorteil etablierter VC-Märkte.

In Deutschland gehören Namen wie Lukasz Gadowski, Verena Pausder, Christian Reber, Janna Ensthaler, Johannes Reck, Lea-Sophie Cramer oder Daniel Krauss zu den prägenden Gesichtern der Start-up-Szene. Sie alle haben erfolgreich Start-ups aufgebaut und sind heute auf Bühnen präsent, in Medien sichtbar oder als Investor:innen an den Cap Tables der nächsten Generation vertreten. Von Ex-Gründer:innen geschaffene VC-Fonds wie Redstone oder Project A Ventures demonstrieren, wie Exitkapital wirkungsvoll in neue Innovationen reinvestiert wird. Oder auch das Berliner Beteiligungsunternehmen Rocket Internet, das gezeigt hat, wie aus einem Star, Zalando, und der gezielten VC-Refinanzierung ein Gründungscluster mit über 160 Start-ups und mehreren Unicorns entstehen kann. Ähnliches lässt sich in Schwedens Tech-Ökosystem durch den Erfolg des Musikstreaming-Anbieters Spotify beobachten. Stockholm wurde international sichtbarer, zog mehr VC an und Ex-Mitarbeiter:innen von Spotify gründeten neue sehr erfolgreiche Firmen, wie zum Beispiel Klarna. Aus dem Verkauf von PayPal 2002 entstand in den USA ein Netzwerk, das sich seither an über 1.000 weiteren Start-ups beteiligt hat. Teile der sogenannten PayPal-Mafia sind LinkedIn, Palantir oder SpaceX.[80]

Immer häufiger stößt Venture Capital auch soziale Innovationen an. Clean-Tech-Start-ups, die wie Enpal die dezentrale Energieversorgung ermöglichen, Food-Tech-Unternehmen wie Beyond Meat, die mit pflanzenbasierten Proteinen neue Maßstäbe in der Ernährung setzen, oder Med Techs wie Ada Health, die KI-gestützte Gesundheitsdiagnostik demokratisieren, stehen exemplarisch für diese Form des Spill-overs. Auch BioNTech ist ein eindrucksvolles Beispiel. Ohne Venture Capital in Verbindung mit öffentlichen Fördermitteln hätte das Mainzer Unternehmen nicht den weltweit ersten zugelassenen Covid-19-Impfstoff entwickeln können. BioNTechs Erfolg setzte neue Impulse für die deutsche Biotech-Gründerszene und zeigt eindrücklich, wie mithilfe von Venture Capital gesellschaftlich relevante Lösungen und wirtschaftliche Dynamik entstehen können. Allerdings fließt bislang nur ein Bruchteil des globalen Venture Capitals in nachhaltige oder soziale Innovationen.[81]

In technologischer Hinsicht sowie ökonomisch und sozial ist die Evidenz eindeutig: Dort, wo Venture Capital verfügbar ist, entstehen vermehrt neue Unternehmen, bestehende Firmen wachsen schneller und die Innovationsdynamik nimmt zu. Das schafft Arbeitsplätze, steigert die regionale Produktivität, zieht Talente aus dem Ausland an und stärkt ganz allgemein das Vertrauen in Unternehmertum. Gerade auch im Hinblick auf digitale Souveränität erweist sich dieser Perspektivenwechsel als bedeutsam. Denn nur wer eigene Technologien entwickelt und skaliert, bleibt unabhängig und kann digitale Infrastrukturen im Einklang mit den eigenen Werten gestalten.

Warum es bei uns (noch) nicht überschwappt

Zur Veranschaulichung der Spill-over-Effekte wurden, wo immer möglich, Beispiele aus Deutschland herangezogen. Ein Großteil der verwendeten quantitativen Kennzahlen stammt jedoch aus Studien, die sich auf den US-amerikanischen Markt beziehen. Das ist kein Zufall. Venture Capital entfaltet seine Wirkung nicht überall gleich. Die Intensität und Qualität der Spill-over-Effekte ist abhängig von der Liquidität und Tiefe der Kapitalmärkte, von Branchenstrukturen, der Innovationskultur des Landes und nicht zuletzt vom politischen und institutionellen Umfeld.

So sind die Vereinigten Staaten nach wie vor das globale Epizentrum des Venture Capitals. 57 Prozent des weltweiten Venture-Capital-Volumens entfielen 2024 auf die USA.[82] In Asien wiederum hat vor allem China mit staatlicher Unterstützung und massivem Kapitalzufluss ein wettbewerbsfähiges VC-Ökosystem aufgebaut. Zwischen 2011 und 2022 haben sich die sogenannten Assets under Management, also die Gesamtvolumen der verwalteten Vermögenswerte asiatischer VC-Fonds mehr als verzwanzigfacht, auch wenn sie zuletzt wieder sanken. Länder wie Indien oder Indonesien profitieren mittlerweile ebenso sichtbar von VC-getriebenem Wachstum. Und auch in Afrika nehmen VC-Investitionen in Fin Tech, Green Tech oder Plattformlösungen Fahrt auf.[83]

Während also Länder auf der ganzen Welt die positiven Effekte systematisch nutzen, bleibt Europa, und mit ihm Deutschland, hinter seinen Möglichkeiten zurück. So flossen 2024 zwar rund 7,4 Milliarden Euro Venture Capital in deutsche Start-ups – was im Vergleich zu 2020 einen Anstieg von 37 Prozent bedeutet –, doch gegenüber dem Vorjahr 2023 blieb das Volumen nahezu unverändert. Ein Großteil des Geldes, rund 70 Prozent, stammte zudem dem Ausland: US-amerikanische Investoren allein stellten etwa 30 Prozent.[84] Gemessen am Bruttoinlandsprodukt entsprach das 2024 von Investor:innen aus Deutschland bereitgestellte Venture Capital gerade einmal 0,05 Prozent. Zum Vergleich: In Frankreich liegt dieser Wert bei rund 0,1 Prozent, in den USA sogar bei 0,5 Prozent – dem Zehnfachen.[85]

Diese Unterversorgung hat Konsequenzen. Insbesondere in den Wachstumsphasen, in denen es naturgemäß um größere Summen geht, steigt die Abhängigkeit von ausländischem Geld weiter an. Mehr als jede zweite Finanzierungsrunde über 50 Millionen Euro wird vollständig aus dem Ausland finanziert.[86] Auf europäischer Ebene zeigt sich ein ähnliches Muster: Während in der Seed-Phase europäische Investoren noch 38 Prozent des Kapitals stellen, sinkt ihr Anteil in späteren Runden über 250 Millionen Euro auf nur noch 9 Prozent.[87]

Viele Gründer:innen entscheiden daher im Laufe der Zeit, spätestens zum Exit, ihren Sitz ins Ausland zu verlagern, wo höhere Bewertungen, tiefere Liquidität und bessere Exitaussichten locken. Besonders bitter ist das bei wissenschaftlichen Ausgründungen: Unternehmen, die mit öffentlichen Mitteln aus der Forschung heraus aufgebaut und durch staatliche Gründungsförderung durch die kritischen Frühphasen getragen wurden, wandern genau dann ab, wenn ihr Geschäftsmodell marktfähig wird. Mit ihnen gehen die Spill-over-Effekte.

Um wachstumsstarke Start-ups in Deutschland in den kommenden Jahren angemessen zu finanzieren, fehlen rund 100 Milliarden Euro.[88] Eine stolze Summe, im Verhältnis jedoch überschaubar. So lag das Geldvermögen der privaten Haushalte in Deutschland, exklusive Sachvermögen wie Immobilien, Ende 2024 bei 9,05 Billionen Euro. Rund 70 Prozent davon entfallen auf die vermögendsten 10 Prozent der Haushalte.[89] Zudem werden bis 2040 jährlich bis zu 400 Milliarden Euro vererbt.[90] Das Kapital ist also da, es wird nur nicht ausreichend in die Zukunft investiert.

Wenn wir Kapital entfesseln, entfesseln wir Wirkung

Um diesem Trend entgegen zu wirken und wachstumsstarke Innovation, technologische Souveränität und nachhaltiges Wachstum zu erzeugen, müssen wir endlich die strukturellen Blockaden im deutschen Venture-Capital-Markt lösen. Die erforderlichen Reformschritte liegen auf dem Tisch.

Deutschland ist als Fondsstandort steuerlich nach wie vor im Nachteil. Die Einordnung von Venture-Capital-Fonds als vermögensverwaltend bleibt auch 2025 weiter unklar und führt zu Unsicherheiten sowie einer vergleichsweise hohen Steuerlast. Währenddessen dürfen in anderen Ländern Gewinne aus Beteiligungsverkäufen sogar steuerlich aufgeschoben werden, wenn sie direkt wieder investiert werden. Das sogenannte Roll-over könnte auch bei uns Anreize schaffen, Kapital im Innovationskreislauf zu halten. Auch gezielte Sonderabschreibungen auf Beteiligungen an Venture-Capital-Fonds würden dabei helfen, privates Kapital zu mobilisieren. Für Investitionen in Forschung und Entwicklung ist das längst üblich. Und wie wir gesehen haben, ist der Innovations- und Wachstumseffekt von Venture Capital mindestens vergleichbar. Das Zweite Zukunftsfinanzierungsgesetz (ZuFinG II) sollte hierfür Abhilfe schaffen. Der am 27. November 2024 vom Bundeskabinett beschlossene Entwurf wurde aus politischen Gründen jedoch nie verabschiedet. Immerhin liegt seit August 2025 ein Referentenentwurf für ein Nachfolgegesetz vor – nun unter dem Titel „Standortfördergesetz" –, den das Finanzministerium in die Ressortabstimmung gegeben hat. Es bleibt abzuwarten, welche Inhalte aufgenommen werden und ob sie den Erwartungen und Erfordernissen gerecht werden.

Ein weiteres zentrales Handlungsfeld betrifft institutionelle Investoren. Aktuell stammen weniger als 13 Prozent des inländischen VC-Fundraisings von Pensionskassen und Versicherungen. Ein Grund dafür ist, dass EU-Verordnungen wie Solvency II und CRR III Venture Capital pauschal als Hochrisiko einstufen und eine Eigenmittelquote von bis zu 100 Prozent fordern. Differenzierte Risikosätze, etwa für staatlich flankierte oder ESG-orientierte Fonds, würden institutionellen Anlegern den Zugang deutlich erleichtern. Auch der Staat könnte ein Zeichen setzen, beispielsweise durch VC-Quoten bei seinen eigenen Anlagestellen wie der Versorgungsanstalt des Bundes und der Länder (VBL). Der Koalitionsvertrag enthält in dieser Hinsicht erste wichtige Schritte: So ist unter anderem eine Verstetigung des Zukunftsfonds über 2030 hinaus geplant. Im Rahmen der WIN-Initiative sollen, gehebelt durch mehr Garantien auf Bundesebene, mehr als 25 Milliarden Euro mobilisiert werden. Das ist richtig und wichtig, doch es reicht nicht.

Dringend erforderlich ist darüber hinaus eine echte europäische Kapitalmarktunion – mit einer schlagkräftigen Börse, die als Exitplattform für wachstumsstarke Unternehmen dient. Nur so lässt sich die Skalierungsfinanzierung im Binnenmarkt sichern und verhindern, dass wertschöpfende Spillover-Effekte dauerhaft ins Ausland abwandern.

Wie erwähnt, die Vorschläge liegen seit Langem auf dem Tisch und sollen hier nicht weiter ausgeführt werden. Einige davon, insbesondere die der europäischen Kapitalmarktunion, betreffen langfristig angelegte Veränderungsprozesse. Ich möchte abschließend und vor dem Hintergrund der genannten Spill-over-Effekte eine Investorengruppe in den Blick nehmen, die kurzfristig aktiviert werden könnte.

Mehr Stiftungsengagement in Venture Capital – ein Abschlussplädoyer

In den kommenden Jahren steht Deutschland vor einem beispiellosen Vermögenstransfer: Bis zu 400 Milliarden Euro jährlich allein durch Erbschaften. Ein erheblicher Teil dieses Vermögens stammt aus besonders vermögenden Haushalten und wird aus steuerlichen Gründen immer häufiger in Stiftungen überführt.[91]

In den USA gehören Stiftungen wie die Ford oder die Rockefeller Foundation längst zu den typischen Investoren in VC-Fonds. Vor allem das sogenannte Yale Model gilt bis heute als Blaupause dafür, wie institutionelle Anleger, insbesondere Stiftungen, mit langfristigem Anlagehorizont erfolgreich in illiquide Anlageklassen wie Venture Capital investieren können.[92] Entwickelt wurde es von David Swensen, dem ehemaligen Investmentchef der Yale University. Er begann schon in den 1980er-Jahren damit, substanzielle Mittel in VC-Fonds wie Kleiner Perkins oder Sequoia Capital zu investieren. Zwischen 1990 und 2020 erzielte die Yale University so eine durchschnittliche Jahresrendite von 12,4 Prozent, deutlich mehr als vergleichbare Institutionen. Venture Capital bildete den stärksten Renditetreiber mit einem Portfolioanteil von rund 23,5 Prozent im Jahr 2020. Entscheidend war dabei ein rigoroser Fokus auf exzellentes Fondsmanagement und langfristiges Engagement. Der Fall zeigt, dass Venture Capital kein kurzfristiger Renditekick ist, sondern eine strategische Allokation, die einen langen Atem erfordert und daher besonders geeignet ist für Kapital, das Wirkung über Jahrzehnte entfalten soll.[93]

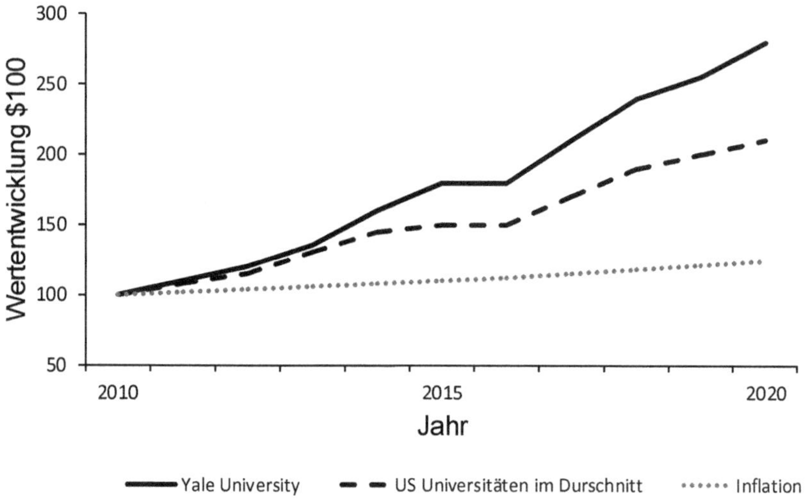

ABBILDUNG 2: Entwicklung der Kapitalanlage der Yale University im Vergleich zu ähnlichen Stiftungen (2010–2020)

Quellen: Financial Times 2012, basierend auf Daten der Yale University

In Deutschland dagegen machen Stiftungen einen so geringen Anteil der VC-Investoren aus, dass dazu kaum verlässliche Zahlen vorliegen. Ein Grund sind erneut regulatorische Hürden. So sieht das Kapitalerhaltungsgebot (§ 83 BGB) vor, dass das Grundstockvermögen einer Stiftung ungeschmälert erhalten bleiben muss. Daneben steht das Mittelverwendungsgebot, das in den §§ 55 ff. der Abgabenordnung (AO) geregelt ist. Es soll sicherstellen, dass steuerbegünstigte Körperschaften, zu denen Stiftungen zählen, die ihnen zur Verfügung stehenden Mittel ausschließlich für satzungsmäßige, gemeinnützige Zwecke verwenden. Je nach Landesaufsicht wird das sehr konservativ ausgelegt, grundsätzlich sind Venture-Capital-Investments für Stiftungen jedoch nicht verboten.

In der Praxis verlangen viele Stiftungsaufsichten Nachweise, dass solche Anlagen den Stiftungszweck nicht gefährden. Das ist ein Umstand, der persönlich haftende Vorstände oft abschreckt. Dabei bestätigt der Bundesverband Deutscher Stiftungeb, dass risikobehaftete Anlagen aus dem „sonstigen Vermögen" zulässig sind, sofern sie sorgfältig diversifiziert und im Einklang mit dem Stiftungszweck erfolgen.[94]

Gerade für thematisch fokussierte oder unternehmensnahe Stiftungen können VC-Investments sogar eine Brücke zwischen ideellem Auftrag und Vermögensstrategie schlagen. Denn viele der in diesem Kapitel beschriebenen Spill-overs – Forschung, Wissenstransfer, soziale Innovationen – sind ja oft genau das, was Stiftungen bezwecken. Voraussetzung ist ein professionelles Portfoliomanagement, das Venture Capital mit klarem Risikoprofil und ausreichender Liquiditätsplanung integriert. Einige wenige Stiftungen in Deutschland beteiligen sich bereits an Dachfonds oder Impact-Investmentvehikeln. So investiert die Eberhard von Kuenheim Stiftung im Rahmen des Projekts „Sinnvestition" und in Kooperation mit der BMW Stiftung Herbert Quandt in Impact Investing. Dabei wird die Kapitalanlage neben einer finanziellen Rendite auch auf eine gesellschaftliche und/oder ökologische Wirkung ausgerichtet. Die Anlageseite wird durch die Linse der Stiftungszweckes neu betrachtet.

Die künftige Erbengeneration ist finanziell gebildet, technologisch interessiert und wirkungsorientiert. Damit das Innovationspotenzial der von ihr verwalteten Stiftungen nicht ungenutzt verpufft, braucht es nun gezielte politische Impulse. Bund und Länder könnten analog zum Wachstumsfonds einen oder mehrere VC-Fund-of-Funds aufsetzen, die speziell auf Stiftungen zugeschnitten sind. So ließen sich Diversifikationsanforderungen elegant erfüllen. Ein bundesweit abgestimmter Praxisleitfaden, wie Stiftungen VC-Allokationen mit dem Kapitalerhaltungsgebot vereinbaren können (zum Beispiel durch Investitionen aus Umschichtungsgewinnen oder Rücklagen), würde Rechtsunsicherheit und Prüfaufwand reduzieren. Arbeitskreise von Stiftungen, Wissenschaft und VC-Management sollten „Playbooks" entwickeln, wie sich das Yale-Modell sinnvoll auf deutsche Verhältnisse übertragen lässt.

Einen ersten Schritt in diese Richtung hat der Bayerische Landtag am 23. Juli 2025 unternommen. Dort wurde beschlossen, dass die Staatsregierung prüfen soll, wie landeseigene Einrichtungen – insbesondere vom Freistaat mitgegründete Stiftungen – künftig in Start-ups investieren können. Dazu sollen die Anlagevorschriften für Kapitalsammelstellen und Stiftungen so angepasst werden, dass Beteiligungen an Venture-Capital-Fonds oder -Dachfonds möglich werden.

Damit das bayerische Modell Schule macht, braucht es schließlich mehr Datentransparenz. Systematische Analysen zu Rendite, Ausfallquoten und Vergleichsdaten mit internationalen Märkten würden realistischere Erwartungen schaffen und Vertrauen aufbauen. Eine unabhängige Forschungsinitiative mit Beteiligung von Wissenschaft, Verbänden und Investorenvertreter:innen könnte regelmäßig belastbare Reports liefern und so die Datengrundlage für faktenbasierte Entscheidungen schaffen.

Letztendlich gilt: Wenn wir Kapital so einsetzen, dass es Wirkung entfalten kann, entsteht ein Gewinn für alle Seiten – mehr „patient capital", mehr Skalierungsfinanzierung, mehr positive Spill-overs. Stiftungen verfolgen ihren Zweck und erschließen gleichzeitig ein Rendite- und Wirkungspotenzial, das klassischen Anleihen längst abhandengekommen ist. Investitionen im Heute sind Weichenstellungen für das Morgen.

Autor:innen-Profil:

Nikolas Samios ist VC-Investor, Seriengründer und Managing Partner von PT1, einem auf Real Assets fokussierten Venture-Capital-Fonds. Seit 25 Jahren begleitet er Start-ups in der Digitalisierung traditioneller Branchen. Er baute unter anderem ein Family Office für Internetpioniere wie den MP3-Erfinder Karlheinz Brandenburg auf und verfasste mit dem Buch „DEALTERMS.VC" das Standardwerk zum Thema VC-Strukturen und Start-up-Finanzierung.

Summary:

Europa steht vor einer fundamentalen Transformation von Energie, Bau und Infrastruktur. Venture Capital spielt dabei eine zentrale Rolle – nicht aus Idealismus, sondern weil hier die nächsten großen Investmentchancen liegen. Wer früh Verantwortung übernimmt, kann nicht nur Wandel ermöglichen, sondern auch überdurchschnittlich davon profitieren. Europas Wandel ist kein Kostenfaktor, sondern ein Wachstumsmodell.

TRANSFORMATIONSMOTOR KLIMA/UMWELT/NACHHALTIGKEIT – VENTURE CAPITAL ALS HEBEL ZUR TRANSFORMATION VON REAL ASSETS

Wer wir sind – und warum das relevant ist

PT1 ist ein europäischer Venture-Capital-Fonds mit einem klaren Fokus: Wir investieren in die Transformation von Real Assets. Das bedeutet: Wir setzen auf Start-ups, die mit skalierbaren Technologien die Realwirtschaft verändern – von Energieinfrastruktur über industrielle Sanierung bis hin zur Digitalisierung der urbanen Welt.

Unsere Investitionen sind keine „Nice-to-have"-Technologien, sondern konzentrieren sich auf fundamentale Bausteine der Gesellschaft: Gebäude, Energie, Infrastruktur. Hier entstehen die größten Chancen der nächsten Dekade, denn diese Themen sind nicht nur gesellschaftlich relevant, sondern auch wirtschaftlich lukrativ. Wir glauben daran, dass die Transformation von Real Assets die Gelegenheit ist, in den nächsten Jahren wirklich Geld zu verdienen.

Warum dieser Fokus?

Fakt ist, dass beispielsweise der Gebäudesektor rund ein Drittel der CO_2-Emissionen in Europa verursacht.[95] Gleichzeitig sind die großen Investitionshebel der nächsten Jahre klar: Netzinfrastruktur, dekarbonisierte Industrie und klimafreundliche Gebäudesanierung. Was lange als „langweilige" Sachwertbranche galt – Immobilien, Energie, Infrastruktur – wird nun zur heißesten Wette der kommenden Jahrzehnte. Der politische Druck, den CO_2-Preis langfristig steigen zu lassen, ist nur ein weiteres Indiz dafür, dass diese Märkte massiv an Attraktivität gewinnen. Dies wird durch Initiativen wie das 500-Milliarden-Infrastrukturpaket der deutschen Bundesregierung sowie ähnliche Programme der EU zusätzlich befeuert.

Die größte Gelegenheit liegt jedoch nicht allein in der politischen Richtung, sondern in der Fähigkeit, langfristig planbare Investitionschancen in einem sich transformierenden Markt zu identifizieren. Unternehmen müssen Lösungen skalierbar umsetzen, und die besten Technologieanbieter werden die größten Wachstumschancen haben.

Warum Venture Capital?

Venture Capital hatte in der Vergangenheit bei Real Assets oft einen schweren Stand. Warum? Weil es dabei immer um die Finanzierung hardwarelastiger Projekte ging – in einem Markt, der traditionell langsamer, risikoscheuer und kapitalintensiver ist als die klassische Softwarewelt. Doch genau das verändert sich jetzt durch industrialisierte Prozesse und AI. Wir investieren dort, wo der wirtschaftliche Tipping-Point bereits erreicht ist, also dort, wo der Markt bereit ist zu skalieren und wo die Technologien von Start-ups eine massive Transformation ermöglichen.

Das bedeutet, dass wir nur solche Start-ups selektieren, die ein klares technologisches Skalierungspotential aufweisen. Diese Unternehmen sind damit nicht nur Lösungen für ein gesellschaftliches Problem, sondern auch wirtschaftlich attraktive Investitionen. Unser Fokus liegt deshalb darauf, die nächsten Marktführer zu finden und dabei zu unterstützen, aus der Nische herauswachsen und in einem reifen Markt groß zu werden. Denn ohne risikobereites Kapital, das in Technologie und unternehmerische Visionen investiert, bleiben Innovationen oft in ihren Nischen stecken. Darüber hinaus sind die Investitionen, die wir tätigen, eben nicht nur als finanzielle Renditen kalkuliert; sie schaffen auch langfristigen, nachhaltigen Wert. Genau diese Kombination aus wirtschaftlicher Attraktivität und gesellschaftlichem Nutzen macht den Kern unseres Investments aus.

Über die letzten acht Jahre haben wir mehr als 6.000 Start-ups analysiert und uns auf diejenigen konzentriert, die den größten Hebel in den Bereichen Energie, Infrastruktur und Real Estate haben. Es ist eine massive Chance, und wir sind stolz darauf, sie aktiv zu nutzen und so Europa in der Transformation zu stärken. Und es ist ein Geschäftsmodell, das gerade jetzt für uns als Investoren äußerst profitabel wird.

Ausgangssituation: ein überfälliger Markt – und eine wachsende Investitionschance

Transformation ist nicht gleich Veränderung. Sie beschreibt stattdessen einen grundlegenden, strukturellen Wandel. Und genau den sehen wir in der Welt der Real Assets nicht nur kommen, er ist sogar längst überfällig. Wer sich heute mit dem Status quo europäischer Energie-, Infrastruktur- und Gebäudesysteme beschäftigt, erkennt: Hier staut sich ein Investitionsdruck auf, der Chancen in Milliardenhöhe erzeugt.

Noch einmal zurück zum Gebäudesektor: Ein Großteil der Bestandsimmobilien in Europa wurde vor dem Jahr 2000 errichtet. Rund drei Viertel davon weisen eine schlechte Energieeffizienz auf.[96] Die Folge: Der Sektor steht nicht nur für rund 40 Prozent des Energieverbrauchs, sondern verursacht eben auch über ein Drittel der energiebedingten CO_2-Emissionen der EU.[97] Politische Programme wie der Green Deal oder nationale Sanierungspläne haben daran bislang wenig geändert. Die Sanierungsquote liegt seit Jahren bei unter 1 Prozent – und damit weit unter den Zielwerten.

Dieses Scheitern sorgt aber gleichzeitig auch für eine Investmentgelegenheit. Denn je länger strukturelle Defizite bestehen bleiben, desto größer wird der Sanierungsstau. Wir sehen heute schon ganze Gebäudeportfolios, die zu „Stranded Assets" zu werden drohen, sei es wegen regulatorischer Anforderungen, ESG-Kriterien oder schlicht wirtschaftlicher Ineffizienz. Das öffnet ein Investitionsfenster: Wer jetzt Lösungen skaliert, schafft echten Marktwert, weil der Handlungsdruck permanent steigt. Dazu kommt, dass sich der Markt strukturell verändert. Während früher politische Unsicherheit oft ein Argument gegen Investitionen war, sorgen heute langfristige Weichenstellungen für Planbarkeit. Der CO_2-Preis steigt kontinuierlich und selbst in konservativen Kreisen ist Konsens, dass das genau so bleiben soll – was wiederum Investoren über Jahre hinweg verlässliche Rahmenbedingungen bietet.

Aber auch außerhalb des Gebäudesektors verstärken sich die wirtschaftlichen Argumente. Der russische Angriffskrieg hat nicht nur die geopolitische Verwundbarkeit Europas offengelegt, sondern auch die strategische Notwendigkeit regionaler Energiesouveränität. Im Zuge dessen wurden Lieferketten neu bewertet und die Energiepreise sind explodiert. So gaben beispielsweise 2023 europäische Haushalte laut Eurostat im Schnitt knapp 10 Prozent ihres Einkommens für Energie aus.[98]

Für Investoren heißt das: Der Bedarf ist real, politisch gedeckt und volkswirtschaftlich unbestreitbar. Doch er trifft auf überlastete Genehmigungsprozesse, Fachkräftemangel und veraltete Strukturen. Genau das ist die Marktlücke, in der sich attraktive Geschäftsmodelle etablieren und Kapital überdurchschnittlich wachsen kann. Die Transformation von Real Assets ist deshalb also nicht nur notwendig, sondern auch ein strukturell unterbewerteter Wachstumsmarkt. Die technologische Reife vieler Lösungen ist da. Die politischen und wirtschaftlichen Treiber ebenfalls. Was fehlt, ist Kapital mit klarem Fokus. Und ein Investmentansatz, der nicht auf Idealismus setzt, sondern auf wirtschaftliche Skalierbarkeit in der Realität. Dass bei alledem eine zweite Rendite für die Gesellschaft entsteht, ist ein sehr positiver Nebeneffekt.

Marktumfeld: warum gerade jetzt ein Fenster für Wandel entsteht

Nachdem wir den Bedarf für einen grundlegenden Wandel dargelegt haben, stellt sich die Frage nach der zeitlichen Dimension. In einer Zeit, in der bisherige politische Allianzen fast täglich auf den Prüfstand gestellt werden, ist eine hohe Agilität geboten, was bei langfristig relevanten Entscheidungen zwangsläufig zu einem Spannungsfeld führt. Die aktuellen geopolitischen Entwicklungen und gesellschaftliche Veränderungen eröffnen allerdings gleichzeitig ein einzigartiges Zeitfenster für transformative Maßnahmen. Die Spannungen zwischen EU, USA und China (in verschiedensten Konstellationen) sowie der Krieg in der Ukraine zwingen Europa zu mehr Eigenständigkeit, um resilienter zu werden.

So führen die Unterbrechung globaler Lieferketten, Abhängigkeiten von kritischen Rohstoffen sowie die Erkenntnis, dass geopolitische Risiken reale wirtschaftliche Verwerfungen verursachen, zu einem strategischen Umdenken in Politik und Wirtschaft. Denn die „geopolitische Zeitenwende", wie sie vielfach beschrieben wird, macht deutlich: Resilienz und Souveränität sind zur neuen Währung europäischer Standortpolitik geworden.

Gleichzeitig bringen staatliche Förderpakete – wie das deutsche Infrastruktursondervermögen in Höhe von 500 Milliarden Euro – erhebliche finanzielle Mittel in den Markt, um Transformationsprojekte zu unterstützen. Analog sind auch auf europäischer Ebene mit Programmen wie NextGenerationEU (750 Milliarden Euro) bedeutende finanzielle Ressourcen mobilisiert worden. Diese Förderungen sollen vorrangig in nachhaltige Infrastruktur, Digitalisierung, Klimaschutzmaßnahmen und die Stärkung regionaler Versorgungssicherheit fließen. Noch nie standen derartig große öffentliche Mittel für einen wirtschaftlichen und nachhaltigen Strukturwandel zur Verfügung.

Doch Kapital allein genügt nicht. Es trifft auf eine Bevölkerung, die zunehmend Druck auf Entscheidungsträger ausübt. Die Menschen in Europa fordern mehr Transparenz und Geschwindigkeit in der Umsetzung. Auch der Wunsch nach regionaler Produktion und kürzeren sowie stabileren Lieferketten gewinnt an Bedeutung, allerdings nicht mehr nur aus ökologischer Überzeugung, sondern auch aus ökonomischer Vernunft und zum Erhalt von Wohlstand und Arbeitsplätzen.

Darüber hinaus kommt neben der finanziellen und gesellschaftlichen Perspektive ein technologisches Momentum hinzu: Neue digitale Tools – etwa in der Planung, Steuerung und Überwachung von Bau- und Infrastrukturprojekten – ermöglichen heute eine Effizienz und Skalierbarkeit, die noch vor wenigen Jahren kaum vorstellbar war. AI/Künstliche Intelligenz, IoT-basierte Gebäudetechnik und digitale Zwillinge schaffen die Voraussetzungen, um komplexe Projekte schneller, günstiger und transparenter umzusetzen. Besonders im Kontext von Bestandsmodernisierung und sektorübergreifender Dekarbonisierung (zum Beispiel Quartierslösungen oder Sektorkopplung) sind diese Technologien ein zentraler Hebel.

Diese Kombination aus geopolitischem Druck, finanziellen Ressourcen, technologischer Reife und gesellschaftlichem Engagement schafft ein strukturelles „Window of Opportunity“, das für nachhaltige Transformationen genutzt werden kann und sollte. Europa hat in der Vergangenheit mehrfach bewiesen, dass es in der Lage ist, aus Krisen Kraft zu schöpfen. Die Herausforderung besteht heute darin, nicht nur in Reaktion auf Krisen zu handeln, sondern proaktiv die Chance zu ergreifen, die energetische, infrastrukturelle und industrielle Zukunft des Kontinents neu zu gestalten.

Das Aushebeln der Wachstumsbremsen: Venture Capital als Brücke zwischen Idee und Skalierung

Obwohl Transformationsbedarf, Technologie und politische Budgets vorhanden sind, scheitern viele Lösungen an einem simplen Engpass: Kapital in der Frühphase. Gerade dort, wo neue Geschäftsmodelle entstehen, ist der Markt nach wie vor unterversorgt. Der Grund dafür ist, dass klassische Kapitalgeber wie Banken, Förderinstitute oder Projektfinanzierer aus regulatorischen und wirtschaftlichen Gründen auf Risikominimierung setzen. Sie können oder dürfen oft erst dann investieren, wenn Markt, Produkt und Geschäftsmodell bereits validiert sind. Doch genau diese Validierung kostet Zeit und Kapital, und ohne Frühphasenfinanzierung bleibt sie aus.

Hier kommt Venture Capital ins Spiel: Frühphasen-VC ist das Vehikel, das die Lücke zwischen Idee und großvolumiger Finanzierung schließt, insbesondere in Bereichen wie Energie, Infrastruktur oder Bau, die traditionell nicht als „klassisch VC-kompatibel“ galten.

Unser Ansatz: Mit vergleichsweise geringem Beteiligungskapital tragen wir gezielt das Anfangsrisiko. Wir ermöglichen damit, dass technologiegetriebene Geschäftsmodelle unter realen Bedingungen validiert und professionalisiert werden, bis sie reif für größere Volumina sind. Damit erschafft VC die „Equity Bridge", die es späteren Kapitalgebern – etwa Projektentwicklern, Debt- oder Mezzanine-Finanzierern oder institutionellen Investoren – ermöglicht, überhaupt einzusteigen.

Oder anders gesagt: ohne VC keine Projektpipeline. Wir machen Investments in große Projektgeschäfte überhaupt erst möglich und schaffen überproportionale Hebel auf unser eigenes Kapital, weil wir die Pionierarbeit leisten. Das ist gerade in einer Zeit relevant, in der viele große Finanzakteure zwar investitionsbereit sind, aber nur dort investieren können, wo Risiken minimiert und Strukturen gesetzt sind. Frühphasen-VC liefert an diesen Stellen den Proof of Concept, schafft erste Marktreferenzen und übersetzt Technologien in Investment-Logik.

Und der Bedarf ist riesig. Allein in den Bereich „Green Construction" fließen laut Bundesverband Deutsche Start-ups (2023) nur rund 3 Prozent des deutschen VC-Volumens, obwohl das Bauwesen rund 6 Prozent des BIP ausmacht und zudem massive Emissionshebel bietet.[99] Diese Unterfinanzierung ist eine verpasste Renditemöglichkeit, aber auch eine Marktchance für fokussierte Investoren. Gute Ideen gibt es genug, aber sie stecken zu oft in Pilotprojekten fest. Denn meist kommen Start-ups deshalb nicht in den Regelbetrieb, weil Genehmigungszyklen zu lang, Ausschreibungslogiken zu komplex und die Finanzierungswege zu fragmentiert sind. Hier braucht es Kapital, das Technologie und Markt versteht und bereit ist, unternehmerisch mitzugehen. VC setzt genau hier an, da es neben dem Kapital auch die nötige strategische Tiefe bringt. Wir helfen Start-ups, regulatorische Hürden zu antizipieren, Geschäftsmodelle anzupassen und Anschlussfähigkeit für spätere Finanzierungsstufen herzustellen. Das ist kein „Nice-to-have", sondern eine Voraussetzung, damit die nächste Finanzierung überhaupt denkbar wird.

Was es also braucht, sind stabile Strukturen für die Frühphase: Beteiligungskapital, das gezielt auf hardwarelastige, regulierte Märkte ausgelegt ist. Denn nur, wenn das Anfangsrisiko tragfähig verteilt ist, wird aus Idee Investition und aus Technologie Markt. Venture Capital macht diese Bewegung möglich. Und genau deshalb ist es ein unverzichtbares Instrument, wenn Europa seine Transformation nicht nur diskutieren, sondern auch umsetzen will.

Warum Unternehmen auf Venture Capital setzen

Beteiligungskapital ist nicht einfach Kapital mit mehr Risiko; es ist Kapital mit strategischem Wert. Gerade in Sektoren wie Energie, Infrastruktur oder Bau entscheidet nicht nur das Produkt über den Markterfolg, sondern auch, wie gut sich ein Unternehmen durch Komplexität, Regulierung und Fragmentierung navigieren kann. Venture Capital liefert hier einen entscheidenden Mehrwert: Es bringt nicht nur Geld, sondern ein Umfeld aus Marktverständnis, Validierung, technischer Tiefe und Netzwerk. Für technologieorientierte Start-ups in diesen Märkten ist das kein Bonus, sondern oft die einzige Chance, über das Pilotprojekt hinauszukommen.

Doch der Nutzen geht über die Start-ups hinaus. Auch für öffentliche oder industrielle Partner werden VC-finanzierte Unternehmen zu relevanten Innovationspartnern: Sie bringen Geschwindigkeit, technologische Differenzierung und einen klaren Umsetzungsfokus. Gerade da, wo intern die Ressourcen fehlen – etwa bei Versorgern, Kommunen oder dem klassischen Mittelstand –, können Start-ups mit validierten Lösungen einspringen und so echte Beschleunigung ermöglichen.

Für uns als VC bedeutet das: Wir investieren nicht in Ideen, sondern in marktfähige Realisierungspotenziale. Das bedeutet auch, bewusst an den Übergängen zu arbeiten – zwischen regulatorischen Anforderungen und technischer Machbarkeit, zwischen ambitionierter Innovation und industrieller Skalierung. Unsere Beteiligungen sind darauf ausgelegt, strukturelle Hürden zu antizipieren und Anschlussfähigkeit herzustellen, um dadurch die Grundlage für weiteres Wachstum zu schaffen. So wird Venture Capital zu mehr als einem Finanzierungsinstrument: Es ist ein Systemöffner. Es bringt neue Lösungen aus der Nische in die Breite – nicht, weil es altruistisch ist, sondern weil es sich rechnet. Gerade in den Sektoren, in denen viel Kapital gebraucht wird, aber nur wenige bereit sind, früh einzusteigen, ist VC das effizienteste Mittel, mit wenig Kapital große Wirkung zu erzielen.

Best Case: Real-Asset-Transformation in der Praxis

ecoworks und Voltfang stehen exemplarisch für eine neue Generation von Start-ups, die nicht nur Technologien entwickeln, sondern neue Märkte schaffen und damit Real Assets wirtschaftlich transformieren. In beiden Fällen zeigt sich: Frühphasen-Venture-Capital legt die Basis für institutionelles Kapital und schafft so die Brücke zwischen Innovation und Großvolumenfinanzierung.

ecoworks: vom Pilotprojekt zum Investitionsvehikel für Immobilienfonds

Das Berliner Start-up ecoworks hat sich auf die serielle Sanierung von Mehrfamilienhäusern spezialisiert. Der Ansatz: digital geplante, industriell vorgefertigte Fassaden- und Dachelemente mit integrierter Technik, die Altbauten innerhalb weniger Wochen CO_2-neutral machen. Das

Modell ist replizierbar, skalierbar und trifft auf massiven Bedarf. Denn der deutsche Gebäudebestand ist veraltet, ineffizient und steht unter wachsendem Regulierungsdruck.

Doch ecoworks ist mehr als ein Sanierungstechnologieanbieter. Es ist zum Enabler für neue Investmentstrategien geworden. Erste institutionelle Partner entwickeln derzeit sogenannte „Brown-to-Green“-Fonds: Sie kaufen ineffiziente Bestandsgebäude, sanieren sie nach dem ecoworks-Prinzip und veräußern sie als ESG-konforme Objekte. Das Resultat: geringes Risiko, klarer Impact, attraktive Upside.

Für PT1 begann die Reise als Frühphaseninvestor. Heute sehen wir, wie ein einstiges VC-Investment die Grundlage für großvolumige Kapitalflüsse bildet – von Fondsgesellschaften, Versorgern, Wohnungsunternehmen. Damit schließt sich der Kreis: Venture Capital trägt das Risiko und macht damit Kapital allokierbar, das ansonsten nie investiert worden wäre.

Voltfang: neue Infrastruktur durch Batteriespeicher – und neue Finanzierungslogik

Voltfang entwickelt stationäre Batteriespeichersysteme auf Basis ausgemusterter E-Auto-Batterien. Das Unternehmen bietet damit eine nachhaltige Speicherlösung für Unternehmen, die ihre PV-Energie effizienter nutzen oder Lastspitzen abfedern wollen. Die Systeme sind skalierbar – vom Gewerbedach bis zum Industriepark – und werden bereits von etablierten Kunden wie Goldbeck oder Fiege eingesetzt.

Auch hier ist das Geschäftsmodell stark skalierfähig, nicht nur technologisch, sondern auch finanziell. Denn parallel zur Systementwicklung entsteht eine neue Möglichkeit: Projektfinanzierer können künftig Fonds auflegen, die die Batteriespeicher vorfinanzieren. Voltfang stellt dem Kunden das System kostenlos bereit und dieser teilt sich die erzielte Energieersparnis mit dem Fonds. Ein klassisches „Win-win-

Modell" – technologisch ausgereift, regulatorisch anschlussfähig und kapitalmarkttauglich.

Genau das macht den Case so interessant: Aus einem hardware-intensiven Early-Stage-Investment entstehen zahlreiche Projekt-vehikel, die institutionellen Investoren zugänglich gemacht werden. Und auch hier gilt, dass es ohne Frühphasen-VC keinen funktionierenden Proof of Concept, keine ersten Großkunden und keine Anschlussfähigkeit gäbe. Mit vergleichsweise wenig Kapital wurde die Basis gelegt, um künftig größere Volumina mobilisieren zu können.

Beide Beispiele zeigen: Venture Capital ist das strategische Eintrittskapital in einen Sektor, der zuvor für klassischere Investoren nicht investierbar war. Was hier entsteht, ist mehr als Start-up-Finanzierung. Es ist die *Konvergenz von Assetklassen*: Beteiligungskapital trifft auf Projektfinanzierung, Hardware trifft auf Software. Und Real Assets werden zu dynamischen, technologiegetriebenen Investitionsobjekten, bereit für die nächste Welle strategischer Kapitalallokation.

In beiden Fällen zeigt sich zudem: Diese neuen Geschäftsmodelle sind nicht nur ein Renditethema, sondern auch ein industriepolitisches Asset für den Standort Deutschland. Denn ecoworks und Voltfang stehen für eine neue Wertschöpfung, die lokal verankert ist, mit realen Produktionsstätten, qualifizierten Arbeitsplätzen und hohem Technologieanteil. Anders als viele klassische Softwaremodelle schaffen sie Jobs im Handwerk, in der Industrie und im Betrieb – also genau dort, wo Deutschland wirtschaftlich resilient bleiben muss.

Zugleich bedeuten Lösungen wie serielle Sanierung oder lokale Energiespeicherung auch weniger Abhängigkeit von globalen Lieferketten, weniger Verwundbarkeit gegenüber geopolitischen Schocks und sind ein entscheidender Schritt raus aus der strukturellen China-Abhängigkeit bei kritischen Technologien. Wer diese Technologien heute skaliert, baut die strategische Infrastruktur des Europas von morgen. Und das beginnt, wie so oft, mit mutigem Kapital in der Frühphase.

Der Beitrag des neuen Kapitals – in Zahlen und Wirkung

Beteiligungskapital ist alles andere als blindes Risikokapital. Es ist ein intelligentes Selektionsinstrument in Märkten, die strukturell unterfinanziert und operativ fragmentiert sind. Besonders in Sektoren wie Energie, Infrastruktur und Bau, in denen Regulatorik, technologische Komplexität und Projektzyklen aufeinandertreffen, ist diese Selektionsfähigkeit entscheidend. Denn das Kapital ist da, aber es braucht Orientierung.

Wir bei PT1 haben deshalb in den letzten acht Jahren über 6.000 technologiegetriebene Start-ups aus der Welt der Real Assets analysiert. Die meisten davon sind mit hohem fachlichem Anspruch unterwegs. Doch nur ein Bruchteil erreicht eine Reife, die echte Skalierung im Markt erlaubt, und zwar regulatorisch, wirtschaftlich und technologisch belastbar. Unsere Aufgabe ist es, genau diese Start-ups zu identifizieren, frühzeitig zu finanzieren und gezielt dort Wirkung zu erzeugen, wo Kapitalhebel maximal sind.

Europas Transformationsziele scheitern nicht am Willen, sondern an der Umsetzungskapazität. Ob Netzinfrastruktur, Gebäudesanierung oder dezentrale Energieversorgung – die Engpässe liegen in der Planung, der Umsetzung und dem Zugang zu skalierten Lösungen. Genau hier entsteht das Spielfeld für Beteiligungskapital. Denn Venture Capital in Real Assets bedeutet, Marktbedarfe frühzeitig zu erkennen, Technologien in skalierbare Geschäftsmodelle zu übersetzen und Kapitalflüsse dorthin zu lenken, wo klassische Akteure nicht investieren können oder dürfen. Mit unseren Fonds investieren wir deshalb gezielt in Unternehmen, die an dieser Schnittstelle agieren – zum Beispiel in die industrielle Gebäudesanierung oder in flexible Batteriespeicherlösungen. Start-ups wie ecoworks oder Voltfang sind Beispiele dafür, wie Frühphasen-Venture-Capital Märkte überhaupt erst investierbar macht – und später institutionelles Kapital freisetzt.

Doch die Wirkung entsteht nicht durch Kapital allein, sondern durch das Zusammenspiel aus technologischer Reife, regulatorischer Anschlussfähigkeit und strategischer Skalierung. VC führt genau diese drei Elemente zusammen und ist dadurch in der Lage, Lösungen auf den Markt zu bringen, bevor sie im Mittelmaß verschwinden.

Was braucht es, damit dieses Wirkungspotenzial weiterwächst?

1. **Kapital,** das bereit ist, in technologisch komplexe, kapitalintensive Frühphasen zu investieren,
2. **Strukturen,** die helfen, diese Start-ups anschlussfähig für größere Finanzierungen zu machen – zum Beispiel durch hybride Finanzierungsmodelle oder spezialisierte Projektfonds,
3. **institutionelle Offenheit,** um mit diesen Lösungen zu kooperieren, auch wenn sie nicht ins klassische Raster passen.

Fest steht: Letztlich wird nicht die beste Idee den Unterschied machen, sondern diejenige, die umgesetzt wird. Und dafür braucht es Beteiligungskapital, das bereit ist, Verantwortung zu übernehmen – nicht aus Idealismus, sondern aus der Überzeugung, dass genau hier die nächste große Investitionschance liegt. Denn Europas Transformation ist keine Subventionslogik; sie ist ein wirtschaftliches Wachstumsmodell. Und Venture Capital ist das Kapital, das früh genug erkennt, wo es sich lohnt, einzusteigen.

Autor:innen-Profil:

Harald Rehberg ist Diplom-Volkswirt und seit 30 Jahren im Beteiligungsgeschäft tätig. Heute ist er Geschäftsführer der CFH Management GmbH und leitet den WMS Wachstumsfonds Mittelstand Sachsen. Er verfügt über umfassende Expertise in Beteiligungsfinanzierung, Wachstumsbegleitung und Nachfolgelösungen. Seit 2023 ist er stellvertretender Vorstandssprecher des BVK.

Claudia Huke ist Diplom-Kauffrau und -Volkswirtin. Nach Station bei PwC im Bereich Financial Services gehört sie seit 2007 zum Mittelstandsteam der CFH. Als Senior Investment Managerin verfügt sie über langjährige Erfahrung in der Strukturierung und Begleitung von Beteiligungsfinanzierungen.

Sie eint ein gemeinsames Verständnis für die wirtschaftliche Vielfalt und Entwicklungskraft des sächsischen Mittelstands.

Summary:

Seit 30 Jahren stärkt die CFH Management GmbH aus Leipzig mit Beteiligungskapital die sächsische Wirtschaft. Mit dem WMS Wachstumsfonds Mittelstand Sachsen und dem TGFS Technologiegründerfonds Sachsen wurden Fondsstrukturen geschaffen, die öffentliche und private Mittel bündeln, um Mittelstand und Start-ups entlang ihrer Entwicklung zu begleiten. Die CFH verbindet als Finanzierungs- und strategischer Partner Kapital, Know-how und Verantwortung und hat bereits mehr als 250 Transaktionen begleitet.

CFH – DREI JAHRZEHNTE BETEILIGUNGSKAPITAL IN SACHSEN: EINE STANDORT-GESCHICHTE MIT WIRKUNG

Strategischer Kapitalpartner seit 1995: die Entwicklung der CFH

Die Geschichte der CFH begann mit der Idee der damals frisch gegründeten Landesbank Sachsen (Sachsen LB), eine eigene Beteiligungsgesellschaft zu etablieren – ganz im Trend der Zeit. Denn Mitte der 1990er-Jahre waren nahezu alle großen Banken in Deutschland mit Beteiligungstöchtern am Markt aktiv. Ziel war es, innovative Geschäftsmodelle, ehrgeizige Unternehmerinnen und Unternehmer sowie zukunftsorientierte Märkte mit Eigenkapital zu versorgen.

Als wir vor 30 Jahren in Leipzig als Tochtergesellschaft der sächsischen Landesbank an den Markt gingen, war „Eigenkapital" in Ostdeutschland noch ein rarer Begriff – und Beteiligungskapital ein weitgehend unbekanntes Instrument. Die Gründung als Sachsen LB Corporate Finance Holding GmbH war Teil einer visionären wirtschaftspolitischen Strategie: Mit dem Wiederaufbau der ostdeutschen Wirtschaft nach der Wende brauchte es neben Know-how auch finanzielle Mittel – nicht nur klassische Kredite, sondern unternehmerisches Kapital mit Weitblick und Risikobereitschaft. Genau hier setzte die CFH an. Parallel gewann das Beteiligungsgeschäft bundesweit an Dynamik. Der Neue Markt brachte frischen Wind, Start-ups wurden sichtbar und Kapital floss in neue Strukturen – auch der 1988 gegründete BVK wuchs. Die CFH entwickelte sich früh zu einem aktiven Player über die sächsischen Grenzen hinaus.

Unser Anspruch war von Beginn an klar: ein marktfähiger, profitabler Partner auf Augenhöhe für unsere Portfoliounternehmen, Investoren und weiteren Stakeholder zu sein. Seither haben wir mehr als 250 Transaktionen begleitet und folgen dabei – damals wie heute – demselben Antrieb: die Verbindung von regionaler Verankerung mit überregionaler Investmenterfahrung. Aus Leipzig heraus agieren wir mit einem klaren Ziel – Unternehmen in Sachsen mit Eigenkapital zu stärken und in ihrer Entwicklung zu begleiten. Über die Jahre hinweg hat sich unser Name geändert, doch unser Anspruch ist geblieben: verlässlich, nahbar, kompetent.

Neben Direktbeteiligungen im gesamten Bundesgebiet agierte die CFH im Laufe ihrer Geschichte auch als Limited Partner und tätigte gezielt Fund-of-Fund-Investments. Diese strategische Erweiterung unseres Beteiligungsspektrums diente nicht nur der Diversifikation, sondern auch dem gezielten Kompetenzaufbau. Denn durch die Beteiligung an ausgewählten Fonds konnten wir wertvolle Einblicke in internationale Investmentstrategien gewinnen und unser Netzwerk über die Grenzen Sachsens hinaus ausbauen. Prägend war in diesem Zusammenhang unser Engagement in Israel, wo wir nicht nur in lokale Fonds investierten, sondern uns auch an dortigen Inkubatoren beteiligten und Partnerschaften mit innovativen Akteuren eingingen. Diese frühen internationalen Aktivitäten lieferten wertvolle Impulse – auch für unsere späteren sächsischen Fonds wie den TGFS, der von den Learnings aus Technologiemärkten wie den USA und Israel direkt profitieren konnte.

Zu den profitabelsten Investments der frühen Jahre der CFH zählt die Beteiligung an telegate – einem der erfolgreichsten IPOs der 1990er-Jahre. Auch die Beteiligung an der traditionsreichen Uhrenmarke Glashütte Original war wegweisend – ein Investment, das später erfolgreich an Swatch verkauft wurde. Daneben haben wir gemeinsam mit Partnern (darunter Capiton oder VREP) Buy-outs wie svt oder Clean Car begleitet. All diese Beispiele zeigen: Beteiligungskapital aus Sachsen kann national wie international Wirkung entfalten.

Unter der Geschäftsführung von Michael Theis, einem erfahrenen Manager aus der Matuschka-Gruppe, wurde die CFH konsequent als Beteiligungshaus aufgebaut. Später prägte Christian Vogel – mit Buy-out-Expertise von 3i – eine strategische Neuausrichtung und stärkte unser Profil im klassischen Mittelstand. So entstand ein Team, das breite Eigenkapitalerfahrung mit unternehmerischem Verständnis verbindet. Zudem war die CFH seit jeher bestrebt, sich im wachsenden deutschen Beteiligungsmarkt zu vernetzen. Daher sind wir auch seit unserer Gründung im BVK aktiv.

Die CFH war lange Zeit Tochtergesellschaft verschiedener Banken – zunächst der Sachsen LB, später als Teil der Süd BG unter dem Dach der Landesbank Baden-Württemberg (LBBW). Auch in dieser Phase blieben wir unserer DNA treu: in Sachsen verwurzelt, mit bundesweiter Erfahrung. Selbst als die Finanzkrise die Sachsen LB in Schieflage brachte, blieb Leipzig unser Ankerpunkt. Und wir hielten Kurs.

Ein Meilenstein in unserer Entwicklung war die Etablierung sächsischer Fonds in Partnerschaft mit dem Freistaat Sachsen und lokalen Akteuren wie Sparkassen und der Mittelständischen Beteiligungsgesellschaft Sachsen. Mit dem WMS Wachstumsfonds Mittelstand Sachsen (WMS) und dem TGFS Technologiegründerfonds Sachsen (TGFS) entstanden erstmals revolvierende Regionalfonds mit echter Schlagkraft – beide heute in dritter Generation mit einem Gesamtvolumen von über 400 Millionen Euro aktiv. Die Besonderheit:

Öffentliches und privates Kapital wurden in einer gemeinsamen Struktur vereint. Es war der Beginn eines neuen Kapitels: Eigenkapital mit regionaler Verantwortung, dezentral organisiert und getragen von verschiedenen Investorentypen – öffentlich wie privat. Ein Gedanke, den unter anderem Wolfgang Zender (damals Vorstandsmitglied der Sparkasse Chemnitz, heute Geschäftsführer des Ostdeutschen Sparkassenverbandes, OSV) maßgeblich mitentwickelt hat: *„Uns war früh klar: Wenn wir den Mittelstand in Sachsen dauerhaft stärken wollen, braucht es mehr als gute Ideen – es braucht Eigenkapital, das vor Ort ankommt. Mit dem WMS und später dem TGFS haben wir als Sparkassenfamilie gemeinsam mit dem Freistaat Sachsen und der CFH eine Struktur geschaffen, die bis heute wirkt. Das größte Verdienst war, dass die isolierte Marktbetrachtung der Sparkassen aufgebrochen wurde. Es ging nicht mehr nur um den eigenen Geschäftsbezirk, sondern darum, gemeinsam das Kapital dorthin zu bringen, wo es den größten wirtschaftlichen Nutzen stiftet. Diese gemeinsame Perspektive über Regionsgrenzen hinweg war ein echter Durchbruch – und ein starkes Zeichen für Verantwortung und Weitsicht. Aus heutiger Sicht ein kluger, mutiger Schritt.“*

2017 erfolgte die Herauslösung aus dem LBBW-Konzern: Mit gewachsenem Regionalgeschäft, klarer sächsischer Perspektive und einem langjährig eingespielten Team wurde die CFH Management GmbH gegründet. Dieser Schritt diente der noch stärkeren Ausrichtung auf die Bedürfnisse unserer hiesigen Investoren. Als Geschäftsführer an der Spitze: Gisbert Enkel (Investor Relations), Harald Rehberg (Mittelstand) und Sören Schuster (Frühphase). Unsere Gesellschafter sind heute die drei großen sächsischen Sparkassen aus Chemnitz, Dresden und Leipzig sowie die Mittelständische Beteiligungsgesellschaft Sachsen (MBG Sachsen) – ein starkes Konsortium mit tiefem Verständnis für die Region und großem Vertrauen in unser Team. Markus H. Michalow, Geschäftsführer der MBG Sachsen und Beiratsvorsitzender der CFH, bringt es auf den Punkt: *„Die CFH vereint sächsische Bodenständigkeit mit echter*

Beteiligungsexpertise. Für uns als MBG und die weiteren Beteiligten des Freistaates und der Sparkassen war schnell klar: Dieses Team steht für Verlässlichkeit, Wirkung und regionale Tiefe – genau das, was es braucht, um Eigenkapital erfolgreich in die Fläche zu bringen."

Die CFH war in den vergangenen drei Jahrzehnten vieles: Initiatorin, Übersetzerin, Möglichmacherin, Vermittlerin. Und immer ein wenig „anders" – mit einem Team, das Unkonventionalität als Stärke versteht. Denn unsere Investoren sind unterschiedlich geprägt, und unsere Rolle ist es, diese Vielfalt in erfolgreiche Beteiligungen zu übersetzen. Wir bringen verschiedenste Kapitalquellen, Interessen und Akteure zusammen – mit einem Ziel: Sachsens Unternehmen erfolgreich zu machen.

WMS – Partner des Mittelstands: Kapital, das in Sachsen wirkt

Ein sichtbares Ergebnis dieses Ansatzes ist der WMS. Als wir 2005 gemeinsam mit dem Freistaat Sachsen, sächsischen Sparkassen und weiteren Partnern den WMS Wachstumsfonds Mittelstand Sachsen auflegten, war das vor Ort ein Novum – und ein Signal. Der sächsische Mittelstand hatte sich nach der Wende neu sortiert, aber vielerorts fehlte das Eigenkapital für den nächsten Schritt: Wachstum, Internationalisierung, Nachfolge, Innovation. Kredite allein reichten nicht – gefragt war bilanzstärkendes Beteiligungskapital mit Branchenkenntnis und strategischem Blick. Der WMS war die Antwort.

20 Jahre später ist aus dieser Überzeugung ein Erfolgsmodell geworden. Mit mittlerweile drei Fondsgenerationen und einem Gesamtvolumen von über 160 Millionen Euro ist der WMS heute ein fester Player im sächsischen Mittelstand. Seit seiner Gründung wurden über 70 Unternehmen begleitet, die heute gemeinsam rund 7.200 Mit-

arbeitende beschäftigen. Diese starke Basis mittelständischer Betriebe erwirtschaftet einen Gesamtumsatz von 1,2 Milliarden Euro – ein eindrucksvoller Beleg für die nachhaltige Wirkung von Beteiligungskapital in Sachsen. Der Fonds steht für langfristige Partnerschaften, für unternehmerisches Denken und für ein Beteiligungsmodell, das private und öffentliche Interessen verbindet – mit Fokus auf Wachstum und nachhaltiger Entwicklung. Denn: Die Beteiligungen erfolgen mit dem klaren Anspruch, Wertsteigerung zu erzielen. Diese Ausrichtung schafft Anreize für unternehmerisches Handeln und zeigt, dass sich Rendite und regionale Verantwortung nicht ausschließen – sie verstärken sich gegenseitig.

Der WMS stellt ein Finanzierungsmodell dar, das wirtschaftlich tragfähig und politisch sinnvoll ist. Seine Investoren – neben dem Freistaat Sachsen auch sächsische Sparkassen, die MBG Sachsen, die Bürgschaftsbank Sachsen und die Sächsische Aufbaubank (SAB) – vereinen lokale Präsenz, Interesse an der Wirtschaft vor Ort und Expertise. Diese breite Trägerschaft steht für Vertrauen, Kontinuität und das gemeinsame Verständnis, dass unternehmerisches Eigenkapital die Triebkraft für wirtschaftliche Entwicklung ist. Das Fondsmanagement erfolgt zudem in einem Joint Venture zwischen der CFH und den Sparkassenbeteiligungsgesellschaften aus Chemnitz, Dresden und Leipzig. Diese dezentrale Struktur sorgt für Präsenz in der Fläche und ermöglicht eine enge, persönliche Betreuung der Portfoliounternehmen.

Dirk Panter, Sächsischer Staatsminister für Wirtschaft, Arbeit, Energie und Klimaschutz, sagt über die Zusammenarbeit: *„Der WMS ist ein strategisches Instrument der sächsischen Wirtschaftspolitik. Er greift genau dort, wo klassische Finanzierungsformen an ihre Grenzen stoßen – etwa bei Unternehmensnachfolgen, Innovationsvorhaben oder dem Schritt in neue Märkte. Mit privatwirtschaftlichen Mitteln verbindet er Expertise und Kapital und ermöglicht somit passgenaue Lösungen für den Mittelstand. Das Modell ist ein Beleg dafür, dass moderne Wirtschaftspolitik nicht nur fördert,* *sondern mitgestaltet – durch intelligente Kapitalstrukturen und strategische Partnerschaften."*

Was den WMS besonders macht? Er kombiniert die Handlungsweise eines Private-Equity-Fonds mit den regional geprägten Interessen und Motiven seiner Investoren. Dabei verbindet er die eigene Renditeorientierung mit der Würdigung der Interessen aller anderen Stakeholder, der Unternehmerinnen und Unternehmer, des Unternehmens, seiner Mitarbeitenden und Partner. Der Fonds agiert somit als Sparringspartner auf Augenhöhe, mit Respekt vor der DNA jedes Unternehmens. Auf diese Weise hat er ganz unterschiedliche Fälle erfolgreich begleitet – vom Traditionsunternehmen mit Nachfolgethema bis zum Hightech-Zulieferer mit globalem Expansionskurs. Drei Beispiele aus unserem Portfolio:

Die Beteiligung an der **Goldeck Süßwaren GmbH** mit Sitz in Leipzig verdeutlicht, wie Eigenkapital auch etablierte Traditionsunternehmen bei der Transformation begleiten kann. Mit dem WMS an der Seite setzt das über 200 Jahre alte Unternehmen mit der bekannten Marke „Zetti" auf eine gezielte Wachstumsstrategie: Neue Zielgruppen, breitere Distribution und der Aufbau nationaler Marktanteile stehen im Fokus. Parallel dazu wurde der Generationswechsel im Management begleitet. So gelingt es, ein Stück ostdeutsche Markengeschichte fit für die Zukunft zu machen – unternehmerisch leistungsstark und wachstumsorientiert. Carsten Kaiser, Geschäftsführer der Goldeck Süßwaren GmbH: *„Wir haben Schokoladenprodukte mit ‚Kultstatus'! Die einzigartigen Kreationen gewinnen kontinuierlich echte Fans. Dabei setzen wir auf den Ausbau von Distribution, gepaart mit Kommunikation – und das Ganze deutschlandweit. Mit unserem motivierten Team und dem WMS an der Seite sehen wir uns für die Zukunft bestens aufgestellt."*

Mit dem Investment in **TL Concept GmbH** unterstützte der WMS 2018 eine anspruchsvolle Ausgründung aus einem Schweizer Konzernverbund – ein Carve-out, der unternehmerischen Mut und finanzielle

Rückendeckung erforderte. Der WMS strukturierte die Transaktion, stellte Eigenkapital bereit und begleitete das Management beim Aufbau einer tragfähigen Struktur. In nur wenigen Jahren entwickelte sich TL Concept von Klipphausen aus zu einem erfolgreichen Anbieter für Isolierungs- und Klimatechnik mit sechs deutschen Standorten und erster Auslandsexpansion. Der Fall zeigt, wie Beteiligungskapital komplexe Übergänge ermöglicht – und wie aus Konzernteilen agile Mittelständler entstehen können. Thomas Liebisch, Geschäftsführer von TLC: *„Die Ausgründung und damit meine Selbstständigkeit wurde durch den WMS ermöglicht. Gemeinsam haben wir aus einer Niederlassung einer Schweizer Firma ein sächsisches Unternehmen mit mehreren Hundert Beschäftigten entstehen lassen."*

Die **Dr. Födisch Umweltmesstechnik AG** zählt zu den führenden Spezialisten für Emissionsmesstechnik und ist ein Beispiel dafür, wie Beteiligungskapital Innovationskraft international skalieren kann. Der WMS begleitete die Expansion des Unternehmens mit Kapital, Know-how und strategischem Sparring: Neue Tochtergesellschaften im In- und Ausland, gezielte Zukäufe, technologische Weiterentwicklung – alles eingebettet in eine langfristige Wachstumsstrategie. 2024 erfolgte der erfolgreiche Exit an den ABB-Konzern. Dr. Holger Födisch, Unternehmensgründer: *„Das Wachstum des Födisch-Konzerns war von Beginn an durch Internationalisierung geprägt. Der WMS hat uns dabei langjährig begleitet – mit Kapital, fachlichem Austausch und einem klaren Blick für strategische Weichenstellungen. Dies hat wesentlich dazu beigetragen, neue Märkte zu erschließen, Strukturen zu professionalisieren und das Unternehmen international aufzustellen. Die gemeinsame Weitergabe des Unternehmens an ABB konnte den Standort Markranstädt in einem sich verschärfenden Wettbewerb nachhaltig stärken."*

Der WMS ist dabei mehr als ein Kapitalgeber. Er bringt strategisches Know-how, Branchenkenntnis und ein belastbares Netzwerk mit ein – insbesondere im sächsischen Raum. Unsere Partner schätzen die Hands-on-Mentalität des Teams, das pragmatisch, schnell und auf Augenhöhe agiert. Diese Nähe zur Praxis ist auch ein Grund, warum der Fonds bei zahlreichen Nachfolgeregelungen erste Wahl ist. Zudem ist der WMS revolvierend gedacht: Rückflüsse werden wieder für eine neue Fondsgeneration genutzt – ein marktwirtschaftliches Prinzip, das die Wirkung, auch des öffentlichen Teils, der investierten Mittel verstetigt. So ist in den letzten zwei Jahrzehnten nicht nur ein Fonds in dritter Generation entstanden, sondern ein robustes Instrument zur gezielten Mittelstandsfinanzierung – getragen von starken Partnern und einem erfahrenen Managementteam. Dies ist auch aus Investorensicht attraktiv.

Während der WMS vor allem etablierte mittelständische Unternehmen bei Wachstum, Nachfolge und Transformation begleitet, richtet sich der TGFS gezielt an technologieorientierte Gründungsteams in der Frühphase. Beide Fonds ergänzen sich in ihrer Ausrichtung und stehen gemeinsam für ein Beteiligungsmodell, das entlang der gesamten Unternehmensentwicklung wirkt. Ein Blick auf den TGFS zeigt, wie sich dieser Ansatz auch im Bereich der Innovations- und Gründungsförderung bewährt hat.

TGFS – Startkapital für Innovation: wie der TGFS Sachsens Zukunft mitgestaltet

Zum Start des TGFS Technologiegründerfonds Sachsen im Jahr 2008 war das Marktumfeld alles andere als ideal. Der Neue Markt war implodiert, Venture Capital galt als verbrannt, und in Ostdeutschland fehlte es an institutionellen Frühphaseninvestoren. Doch der Freistaat Sachsen hatte erkannt: Wenn aus Forschung und Hochschulen mehr Gründungen entstehen sollen, braucht es Kapital – und zwar dort, wo klassische Banken nicht investieren. Hier setzte der TGFS an.

Die CFH war gemeinsam mit dem Freistaat Sachsen, hiesigen Sparkassen und weiteren Partnern maßgeblich an der Konzeption und Umsetzung des TGFS beteiligt, als Vorbild diente der WMS. Ziel war es, ein dauerhaft verfügbares Beteiligungsinstrument zu schaffen, das technologieorientierte Gründungen in Sachsen frühzeitig unterstützt – nicht als Fördermaßnahme, sondern als marktwirtschaftlich ausgerichtetes Modell mit revolvierendem Charakter.

Von Beginn an war der TGFS darauf ausgelegt, wirtschaftliche Tragfähigkeit mit wirtschaftspolitischer Wirkung zu verbinden. Heute – in der dritten Fondsgeneration mit einem Gesamtvolumen von 241 Millionen Euro – bildet er eine tragende Säule des sächsischen Venture-Capital-Ökosystems.

Ein weiterer Erfolgsfaktor war das Fondsmanagement: Mit Sören Schuster wurde ein erfahrener VC-Manager gewonnen, der zuvor bei 3i und Triangle Venture tätig war. Er baute das TGFS-Team auf und etablierte internationale Standards in der Investmentpraxis. Der TGFS wurde so zu einem professionellen Player mit klarer Strategie, Präsenz vor Ort und hoher Glaubwürdigkeit – auch bei Co-Investoren. Allein durch den ersten TGFS-Fonds konnten mit öffentlichen Mitteln von rund 60 Millionen Euro über 80 Millionen Euro privates Kapital für Sachsen von Investoren von außerhalb aktiviert werden – ein eindrucksvolles Beispiel für die Hebelwirkung gezielter Frühphasenfinanzierung.

Der TGFS investiert in technologieorientierte Start-ups in Sachsen – oft in der Seed-Phase oder direkt danach, mit Family & Friends oder mit Business Angels. Er stellt Eigenkapital bereit, begleitet die Teams strategisch und öffnet Türen zu internationalen Co-Investoren. Über 100 Start-ups wurden bislang finanziert – viele davon mit Wirkung weit über Sachsen hinaus. Ein prägnantes Beispiel für die Wirkung des TGFS ist die Beteiligung an Qoniac, einem Softwareunternehmen aus Dresden, das sich auf die Optimierung von Fertigungsprozessen in der Halbleiterindustrie spezialisiert hat. Der Fonds engagierte sich frühzeitig, begleitete das Unternehmen über mehrere Entwicklungsphasen hinweg und unterstützte die internationale Skalierung. 2019 erfolgte der erfolgreiche Exit an den US-Technologiekonzern KLA – ein eindrucksvoller Beleg dafür, dass Frühphasenfinanzierung aus Sachsen nicht nur regionale Innovationskraft stärkt, sondern auch global wettbewerbsfähige Unternehmen hervorbringen kann. Die Einbindung in die neue Struktur war auch für Dresden lohnend: Als Kompetenzzentrum für Softwareentwicklung im Konzern hat sich die Zahl hochqualifizierter Mitarbeiter bis heute mehr als verdoppelt (über 100).

Der TGFS ist heute fest eingebettet in ein lebendiges sächsisches Innovationsökosystem, das sich in den vergangenen Jahren kontinuierlich weiterentwickelt hat. In enger Wechselwirkung mit Initiativen wie futureSAX – die Innovationsplattform des Freistaates Sachsen, Hochschulprogrammen (dresden|exists, SAXEED, SMILE) und Acceleratoren wie dem SpinLab (HHL) oder ExciteLab (TU Dresden) ist ein Umfeld entstanden, das technologieorientierten Gründungen in Sachsen gezielte Unterstützung bietet – von der Idee bis zur Skalierung. Die vorhandenen Cluster im Freistaat – mit Schwerpunkten wie Mikroelektronik in Dresden, Materialwissenschaften in Chemnitz oder MedTech in Leipzig – bilden dabei den strategischen Rahmen. Der TGFS ergänzt dieses Umfeld durch gezielte Beteiligungen, die vorhandene Stärken ausbauen und zur nachhaltigen Entwicklung hiesiger Kompetenzfelder beitragen.

Prof. Dr. Andreas Pinkwart, Inhaber der Professur für Innovations- und Technologiemanagement an der TU Dresden und Mitinitiator des ExciteLab, betont: *„Mit dem TGFS ist es im Freistaat gelungen, ein dauerhaft verfügbares Frühphaseninstrument zu etablieren, das technologieorientierte Gründungen gezielt stärkt. In Verbindung mit Initiativen wie dem ExciteLab haben wir in Sachsen ein Umfeld, das Exzellenz fördert und Ausgründungen aus Wissenschaft und Forschung systematisch begleitet. Entscheidend ist,* *dass dieses Ökosystem weiter ausgebaut wird – mit klaren Strukturen, verlässlichen Partnern und einem gemeinsamen Verständnis für die Bedeutung von Innovation."*

Dass der TGFS wirtschaftlich arbeitet, ist kein Widerspruch zur öffentlichen Beteiligung. Im Gegenteil: Die Einwerbung privater Mittel war von Anfang an erfolgskritisch. Nur wenn alle Beteiligten – vom Freistaat über Sparkassen bis zur MBG Sachsen – an die wirtschaftliche Tragfähigkeit glauben, entsteht ein nachhaltiges Modell. Die Rückflüsse aus der ersten Fondsgeneration flossen direkt in die dritte – ein Beweis für die Wirksamkeit des Konzepts.

Dr. Katrin Leonhardt, Vorsitzende des Vorstands der SAB, zum Engagement als Investor im Fonds: *„Mit unserer Beteiligung am TGFS wollen wir gezielt dazu beitragen, die Finanzierungssituation technologieorientierter Start-ups in Sachsen weiter zu verbessern. Der Fonds ist ein zentraler Baustein des Innovationsökosystems im Freistaat – er verbindet Kapital mit Know-how und schafft die Voraussetzungen dafür, dass aus Ideen tragfähige Geschäftsmodelle entstehen. Nachdem wir uns als Förderbank bereits maßgeblich im WMS III engagiert haben, ist die Beteiligung am TGFS ein logischer Schritt, um wirtschaftliche Entwicklung und Zukunftstechnologien von der Gründung bis zur Wachstumsphase im sächsischen Mittelstand aktiv zu unterstützen."*

Die Steuerung des Fonds erfolgt über einen breiten Portfolioansatz: Ziel ist es, möglichst viele Gründungen zu begleiten, Wirkung zu entfalten und zugleich wirtschaftlich zu arbeiten. Der TGFS investiert daher in Unternehmen mit skalierbaren Geschäftsmodellen, technologischer Substanz und ambitionierten Teams.

Der Fonds hat gezeigt, dass Venture Capital auch in räumlich begrenzten Regionen funktionieren kann – wenn es klug strukturiert, professionell gemanagt und in ein starkes Netzwerk eingebettet ist. Er hat Gründerinnen und Gründer ermutigt, Investoren überzeugt und mit dazu beigetragen, Sachsen auf die Landkarte der deutschen VC-Landschaft zu setzen.

Beteiligungskapital als Standortfaktor: drei Jahrzehnte Wirkung in Sachsen

Dass Sachsen heute über ein funktionierendes Beteiligungsökosystem verfügt, ist das Ergebnis strategischer Weichenstellungen und konsequenter Aufbauarbeit zahlreicher Akteure. In einer Zeit, in der Beteiligungskapital in vielen Regionen kaum verfügbar war und institutionelle Strukturen fehlten, wurde im Freistaat frühzeitig auf langfristige Fondsmodelle gesetzt. Dieses System ist Ausdruck eines klaren wirtschaftspolitischen Willens – und zugleich Ergebnis kontinuierlicher Überzeugungsarbeit für die Rolle von Eigenkapital als Motor unternehmerischer Entwicklung. Denn Beteiligungskapital ist weit mehr als eine Finanzierungsform – es ist ein strategisches Instrument zur Stärkung regionaler Wirtschaftskraft.

In Sachsen ist es gelungen, mit dem WMS und dem TGFS zwei Fondsstrukturen zu etablieren, die nicht nur Kapital bereitstellen, sondern auch Vertrauen, Know-how und langfristige Perspektiven vermitteln. Beide Fonds sind Ausdruck eines partnerschaftlichen Ansatzes, der öffentliche Verantwortung mit privatwirtschaftlicher Expertise verbindet. WMS und TGFS bilden ein komplementäres System, das entlang der gesamten Unternehmensentwicklung wirkt – von der Gründung bis zur Internationalisierung. Dabei stehen nicht kurzfristige Renditeziele im Vordergrund, sondern nachhaltige Entwicklung, regionale Verankerung und unternehmerische Substanz. Die revolvierende Struktur beider Fonds sorgt dafür, dass Rückflüsse erneut investiert werden können – ein Prinzip, das Wirkung verstetigt und öffentliche wie private Mittel effizient einsetzt. Dass sich dieses Modell bewährt hat, zeigt nicht nur die Zahl erfolgreicher Beteiligungen, sondern auch die zunehmende Sichtbarkeit Sachsens als Standort für Innovation und Unternehmertum.

Für uns als CFH ist diese Entwicklung Ansporn und Verpflichtung zugleich. Wir verstehen uns als Brücke zwischen Kapital und Idee, zwischen öffentlichem Auftrag und marktwirtschaftlicher Umsetzung. Unsere Rolle ist es, unterschiedliche Interessen zusammenzuführen, tragfähige Strukturen zu schaffen und Unternehmen auf ihrem Weg zu begleiten: verlässlich, partnerschaftlich und mit einem klaren Blick für das Machbare.

Die Erfahrungen der letzten 30 Jahre zeigen, dass dieser Weg richtig war und dass Beteiligungskapital dort besonders wirksam ist, wo es mit Kompetenz und Überzeugung eingesetzt wird. Gleichzeitig blicken wir nach vorn: Die Herausforderungen der kommenden Jahre, von der digitalen Transformation über den demografischen Wandel bis hin zur nachhaltigen Ausrichtung von Geschäftsmodellen, erfordern neue Antworten und flexible Finanzierungsinstrumente. Mit dem WMS und dem TGFS verfügen wir über zwei bewährte Fondsplattformen, die wir gemeinsam mit unseren Partnern weiterentwickeln wollen – als Impulsgeber für Innovation, als Stabilitätsanker in Transformationsprozessen und als strategische Begleiter für die nächste Unternehmergeneration. Unser Ziel bleibt klar: Beteiligungskapital soll auch künftig dort wirken, wo es den größten Nutzen stiftet – in Sachsen und für Sachsen.

Autor:innen-Profil:

Dr. Ingo Krocke studierte Medizin in Bonn und Paris und war anschließend in Barcelona und New York ärztlich tätig. Seine Industrielaufbahn startete er als Brand Manager bei Procter & Gamble. Sein Einstieg ins Beteiligungsgeschäft erfolgte bei Apax Partners, einer weltweit führenden Beteiligungsgesellschaft. Dort lag sein Fokus auf den Sektoren Medizintechnik, Konsumgüter, Handel und IT. Bevor er im Jahr 2001 AUCTUS gründete, war er Gründer und Geschäftsführer von Wellington Partners in München.

Summary:

Dieser Beitrag zeigt, warum Beteiligungskapital im Mittelstand nur unternehmerisch gedacht und auf Augenhöhe Erfolg bringt. Dr. Ingo Krocke, Gründer von AUCTUS, teilt seine Erfahrungen aus 450+ Beteiligungen und macht klar: Transformation gelingt nicht durch Kontrolle, sondern durch Partnerschaft. Konkrete Beispiele zeigen, wie Buy-and-Build als sektororientierte Strategie wirkt, was echtes Mitunternehmertum bedeutet – und wie aus mittelständischen Unternehmen skalierbare Marktführer werden.

VOM MITTELSTAND ZUR MARKTFÜHRERSCHAFT – WARUM BETEILIGUNGS-KAPITAL MEHR IST ALS BLOSSE FINANZIERUNG

Der Mittelstand unter Druck

Der deutsche Mittelstand – das Rückgrat unserer Wirtschaft – steht unter einem beispiellosen Veränderungsdruck. (De-)Globalisierung, Bürokratisierung, Digitalisierung/KI, internationaler Wettbewerbsdruck und geopolitische Unsicherheiten fordern Unternehmerinnen und Unternehmer auf vielen Ebenen heraus. Doch häufig fehlt es an Kapital, Kapazität und Kompetenzen, um diese Umbrüche aktiv zu gestalten. Zehntausende Unternehmen stehen vor einem Generationswechsel – aber die Nachfolge ist in vielen Fällen ungeklärt. Gleichzeitig bremst der zunehmende Fachkräftemangel Innovationen, erschwert die Expansion und hemmt die Reaktionsfähigkeit auf neue Marktimpulse. Hinzu kommen verschärfte regulatorische Anforderungen, der rasante technologische Wandel sowie der Investitionsbedarf in Digitalisierung, künstliche Intelligenz und Automatisierung. Wer in dieser Situation bestehen will, muss sich neu aufstellen. Die Herausforderung: neue Geschäftsmodelle entwickeln, IT-Infrastrukturen modernisieren und gleichzeitig das operative Geschäft stabil halten.

Und trotzdem waren die Chancen für den Mittelstand selten größer. Die Rückverlagerung von Produktion und Dienstleistungen nach Europa – Stichwort Home- und Nearshoring – spielt der mittelständischen Wirtschaft in die Karten. Denn durch klare Stärken wie Kundennähe, kurze Entscheidungswege, Flexibilität und herausragende Produktkompetenz kann sie sich auch in Zeiten des Wandels behaupten. Gerade in Deutschland treffen dabei gleich mehrere Faktoren zusammen, die einzigartig in Europa sind und eindeutige Marktvorteile formen: eine gewachsene Unternehmerkultur, ein tief verwurzelter Gestaltungswille, eine ausgeprägte Mentalität als Ingenieurinnen und Ingenieure sowie Prozessoptimierer:innen, ein breiter Talentpool aus Fach- und Führungskräften, hohe Rechtssicherheit und ein barrierefreier Zugang zum größten Binnenmarkt der Welt.

Doch diese Voraussetzungen reichen nicht aus, um die aktuellen Transformationsaufgaben zu meistern und die mittelständischen Unternehmen mit diesen vielschichtigen Hürden nicht allein zu lassen. Mindestens ebenso wichtig ist Kapital – und mehr noch: unternehmerische Unterstützung. Beteiligungskapital kann genau das leisten. Nicht durch Kontrolle, sondern durch Partnerschaft. Nicht durch kurzfristige Renditeziele, sondern mit einem langfristigen Gestaltungsanspruch.

AUCTUS – Antworten in Zeiten des Wandels

In einer Wirtschaft, die zunehmend von Disruption, Nachfolgedruck und Digitalisierung geprägt ist, braucht es neben ausreichendem Kapital immer auch eine professionelle unternehmerische Begleitung. Genau hier setzt AUCTUS an – nicht als klassischer Finanzinvestor, sondern als Partner auf Augenhöhe und durch einen vertrauensvollen Schulterschluss mit den Unternehmer:innen.

Der Fokus liegt dabei klar auf dem deutschen Mittelstand – jener wirtschaftlichen Kraft, die für Innovation, Pragmatismus und verantwortungsvolles Handeln steht. Mittelständische Unternehmen zeichnen sich durch kostenbewusstes Wirtschaften, hohe Anpassungsfähigkeit und eine tief verankerte Kultur der Lösungsorientierung aus. Es ist diese besondere Mentalität, auf die AUCTUS baut. Mit über 450 erfolgreich realisierten Beteiligungen seit der Gründung im Jahr 2001 gehört AUCTUS zu den erfahrensten Beteiligungsgesellschaften für mittelständische Unternehmen in Europa. Dabei steht nicht das reine Finanzinvestment im Vordergrund, sondern die nachhaltige Wertsteigerung durch aktives Unternehmertum.

Gegründet wurde AUCTUS von Dr. Ingo Krocke – einem Mann mit ungewöhnlichem Werdegang. Mit unternehmerischem Geist und dem klaren Ziel, den deutschen Mittelstand zu stärken, baute er AUCTUS zur führenden Adresse für Beteiligungskapital auf. Heute bringt er fast 30 Jahre Erfahrung in Unternehmensentwicklung, M&A und strategischer Transformation mit und setzt sich zudem als BVK-Vorstandsmitglied gezielt dafür ein, die Bedeutung des Mittelstands für die deutsche Volkswirtschaft stärker ins öffentliche Bewusstsein zu rücken.

Seit über zwei Jahrzehnten investiert AUCTUS inzwischen in Unternehmen mit 10 bis 150 Millionen Euro Umsatz und strebt dabei eine mehrheitliche Beteiligung an den Unternehmen an. Ein zentrales Element dabei: AUCTUS investiert eigenes Geld. Die Hälfte des Fondsvolumens stammt vom eigenen Team, während die andere Hälfte von Unternehmern und Family Offices kommt – ein klares Commitment, das für gemeinsame Ziele und echtes Unternehmerdenken steht. Damit ist AUCTUS ein Fonds **von** Unternehmern **für** Unternehmer.

Aus diesem Grund bleibt beispielsweise auch bei Mehrheitsübernahmen das Management operativ unabhängig. Denn unternehmerisches Handeln soll nicht eingeschränkt, sondern gefördert werden. Neue Unternehmerpersönlichkeiten werden gezielt eingebunden – aber bewusst als Macher, nicht als Manager. Auf diese Weise entsteht ein partnerschaftliches Ökosystem, in dem Mittelständler nicht nur wachsen, sondern sich strategisch transformieren können. Mit Struktur, Weitsicht und der Freiheit, weiterhin eigenverantwortlich zu handeln, ohne dass in ihre Unternehmenskultur eingegriffen wird. So wird das Ziel von AUCTUS gemeinsam erreicht – gemäß dem Slogan: „Wir machen Marktführer."

Was Beteiligungskapital in einem Markt voller Herausforderungen und Limitierungen leisten kann

Viele mittelständische Unternehmen sind in ihren Märkten hochspezialisiert und gelten nicht selten als „Hidden Champions". Doch gerade diese wachstumsstarken Unternehmen stoßen an ihre strukturellen Grenzen: Sie sind operativ erfolgreich, verfügen über treue Kunden und solide Produkte – aber es fehlt an skalierbaren Prozessen, modernen Controlling-Systemen oder digitaler Infrastruktur. Internationalisierung, strategischer Vertrieb und Recruiting geraten ins Stocken, weil es an Ressourcen und Know-how mangelt.

Hinzu kommt: Viele Unternehmen sind stark von ihrer Gründungslogik geprägt. Allerdings steht nicht selten das, was sie einst erfolgreich gemacht hat, ihrer heutigen Weiterentwicklung im Weg – weil Strukturen, Prozesse und Entscheidungswege nicht für Wachstum gebaut wurden. Außerdem bestehen häufig große Abhängigkeiten von Einzelmärkten, Kund:innen, Lieferanten, Personen u. v. m.

In solchen Situationen kann Beteiligungskapital weit mehr leisten als bloße Finanzierung. Es ist der Impulsgeber für Transformation – nicht, indem es zum kontrollierenden Steuermechanismus wird, sondern indem es Wachstum ermöglicht. Dabei sind die Schritte, um Wertschöpfungspotenziale zu identifizieren und anzukurbeln, bei einzelnen Unternehmen genauso wichtig wie beim Aufbau neuer Unternehmensgruppen:

- Beteiligungskapital professionalisiert Strukturen, fördert Innovation und schafft Raum für strategisches Denken.
- Es bringt neue Perspektiven und unternehmerisches Know-how ins Unternehmen.
- Es ermöglicht die Einführung moderner Führungs- und Organisationssysteme – ohne dabei die operative Unabhängigkeit des Managements zu gefährden.
- Es öffnet Türen zu Märkten, Netzwerken und Expert:innen, die mitdenken und mitverantworten.
- Es reduziert systematisch Abhängigkeiten und macht damit die Unternehmen stabiler.

Dabei wird natürlich Kapital eingesetzt, das gezielt in Investitionen fließt: in neue Maschinen, IT-Infrastruktur, Produktionserweiterung oder Markteintrittsstrategien. Doch das ist nur der Anfang. Entscheidend ist die strukturelle Modernisierung. Gemeinsam mit dem Management werden skalierbare Prozesse eingeführt, digitale Tools und Automatisierungstechnologien etabliert und organisatorische Grundlagen geschaffen, durch die nachhaltiges Wachstum möglich ist. Besonders in mittelständischen Unternehmen entsteht so ein belastbares Fundament für die nächsten Schritte. Gleichzeitig werden internationale Vertriebs- und Managementstrukturen aufgebaut, da viele Unternehmen ihr Potenzial im Ausland nicht ausschöpfen. Beteiligungskapital schafft den Rahmen und das Know-how, um neue Märkte gezielt und professionell zu erschließen.

Neben Kapital bringt der richtige Partner auch Zugang zu einem Netzwerk aus Expert:innen, Führungspersönlichkeiten und Marktzugängen. Menschen, die nicht als Beratende auftreten, sondern als Mitunternehmer:innen denken und handeln. Diese gezielte Verstärkung ist besonders in Bereichen wie Expansion, Due Diligence und der Integration von Zukäufen von unschätzbarem Wert. Denn gerade bei Buy-and-Build-Konzepten spielen neben der Beschleunigung des organischen Wachstums durch neue Standorte und Produkte der strategische Zukauf und die Zusammenführung komplementärer Unternehmen eine entscheidende Rolle und erlauben eine signifikante Beschleunigung der anorganischen Wachstumsdynamik. Dabei geht es nicht um bloßes Aufkaufen – sondern um gezielte Entwicklung durch eine Erweiterung der Wertschöpfungskette. Dabei stehen vor allem der kulturelle Fit, klare Synergien zwischen den Gruppenunternehmen und eine gemeinsame strategische Vision im Fokus.

Doch vielleicht am wichtigsten: Beteiligungskapital kann helfen, die Haltung zu verändern. Es lädt Führungskräfte ein, unternehmerisch und expansiv zu denken – und stellt dafür ein Umfeld bereit, das Leistung fordert, aber auch Vertrauen gibt. Denn was Private Equity in dieser Rolle nicht ist: ein reiner Renditetreiber. Der sogenannte Heuschrecken-Mythos hält der Realität professioneller Beteiligungsarbeit nicht stand. Im Gegenteil: Langfristige Partnerschaften, Respekt vor der gewachsenen Unternehmenskultur und der Wille zur gemeinsamen Entwicklung prägen den Alltag.

AUCTUS beispielsweise verfolgt keinen Cost-Cutting-Ansatz. Ziel ist nicht, aus Unternehmen möglichst schnell möglichst viel Kapital zu ziehen. Vielmehr geht es darum, die Herausforderungen der Zukunft zu erkennen und Organisationen stark zu machen – strategisch, operativ und kulturell, um eine zukunfts- und krisensichere Standhaftigkeit zu entwickeln und damit den Firmenwert deutlich zu steigern. Dabei ist die Beteiligungslaufzeit nicht festgelegt, sondern individuell an die Bedürfnisse des jeweiligen Unternehmens angepasst. Dass dabei auch Beschäftigung geschaffen wird, zeigen die Zahlen: Über 10.000 Arbeitsplätze wurden in den letzten 20 Jahren allein in AUCTUS-Portfoliounternehmen neu geschaffen. Beteiligungskapital ist damit nicht nur ein Wachstumshebel – sondern auch ein Standortvorteil für Deutschland.

Buy-and-Build als strategischer Lösungsansatz für nachhaltiges Wachstum

Ein entscheidender Hebel, der in vielen Unternehmen bislang ungenutzt bleibt, ist das Konzept „Buy-and-Build". Es steht für die Idee, ein Unternehmen zur Plattform zu machen – und es durch gezielte, strategisch passende Zukäufe weiterzuentwickeln. Ziel ist dabei nicht das reine Größenwachstum, sondern der Aufbau einer starken, wettbewerbsfähigen Unternehmensgruppe mit klarer industrieller Logik, gemeinsamem Verständnis und echtem Mehrwert – insbesondere in der Verbindung der jeweiligen Gruppenunternehmen.

Buy-and-Build kann enorme Potenziale freisetzen, erfordert jedoch tiefes Branchenverständnis, hohe Professionalität und unternehmerisches Feingefühl. Und genau an diesem Punkt unterscheidet sich AUCTUS grundlegend von den meisten anderen Beteiligungsgesellschaften. So beginnt der typische Private-Equity-Fonds beim Deal: Eine Firma wird gekauft – und dann überlegt man, wie daraus eine Plattform entstehen könnte. AUCTUS geht den umgekehrten Weg. Ausgangspunkt ist nicht das einzelne Unternehmen, sondern die Sektorlogik. Es wird zunächst die Branche analysiert, die Wachstumsdynamik verstanden, eine industrielle Zielstruktur entwickelt – und erst dann beginnt die Suche nach geeigneten Unternehmen.

Ein Beispiel dafür war der Einstieg in den Pflegesektor. In diesem Segment stand am Anfang keine Einzelfirma, sondern das Potenzial des demografischen Wandels. Welche Heimgrößen sind wirtschaftlich sinnvoll? Welche Bundesländer bieten Potenzial? Ist der Bau, die Anmietung oder der Kauf von Heimen sinnvoller? Im Rahmen einer intensiven Analyse dieser Faktoren entstand ein klares Bild – und erst dann wurde aktiv akquiriert. Die Plattform **Procon** wuchs also nicht durch Zufall, sondern durch System. Zudem beschleunigte der Aufbau einer eigenen Bauabteilung das organische Wachstum deutlich – bis zu dem Punkt, an dem das Unternehmen nach einer im Wesentlichen organischen Verdreifachung der ursprünglichen Größe in eine neue Phase übergeben werden konnte – solide entwickelt, strategisch kalibriert.

Dass dieser Ansatz funktioniert, zeigt sich im branchenübergreifenden Erfolg des Konzepts. Im Bereich der technischen Gebäudeausrüstung etwa war der Markt lange Zeit stark fragmentiert, geprägt von Fachkräftemangel, geringer Digitalisierung und einem regionalen Flickenteppich an kleineren Handwerksbetrieben. Der Einstieg bei **Builtech** im Jahr 2018 folgte der klaren Überzeugung, dass sich hier eine integrierte Plattform aufbauen lässt – mit einer 360°-Dienstleistungslogik – die verschiedene Gewerke unter einem strategischen Dach vereint. Die Entwicklung spricht für sich: Dutzende Zukäufe, der Aufbau einer Holdingstruktur zur Unterstützung der Betriebe in Bereichen wie Recruiting, IT und Weiterbildung sowie eine konsequente geografische Expansion von Berlin in die gesamte DACH-Region und zuletzt bis nach Skandinavien ließen die Gruppe auf heute über 50 Einzelunternehmen, mehr als 2.200 Mitarbeitende, über 500 Millionen Euro Umsatz und damit zum führenden Anbieter in Europa heranwachsen.

Auch in anderen, auf den ersten Blick weniger „modernen“ Branchen ließ sich mit dieser Herangehensweise Wachstumspotenzial freilegen. Als AUCTUS 2004 bei **TimePartner** einstieg, wurde der Bereich technischer Zeitarbeit nur wenig beachtet. Doch hinter der nüchternen Fassade verbarg sich ein stabiler, spezialisierter Markt mit hoher Relevanz für Industrie, Logistik und Engineering. Durch gezielte Zukäufe, den Aufbau interner M&A-Kompetenz und die Professionalisierung von IT und Marketing entstand innerhalb von zwei Jahren eine Plattform mit über 100 Niederlassungen deutschlandweit – und eine Verachtzehnfachung des eingesetzten Eigenkapitals.

Ein weiteres Beispiel für unternehmerische Voraussicht ist **Career Partner**. Als AUCTUS 2007 in den privaten Hochschulsektor einstieg, war das eine kleine, moderat wachsende Marktnische für sehr spezialisierte Studiengänge. Gemeinsam mit dem Management wurde eine digitale Plattform als erste deutsche Onlinehochschule aufgebaut, die das bisherige Konzept des papierbasierten Fernstudiums revolutionierte. Außerdem wurde ein bundesweites duales Präsenzstudium etabliert. Aus den 800 Studierenden beim Einstieg von AUCTUS 2007 sind inzwischen über 150.000 geworden – die größte Hochschule Deutschlands.

Besonders eindrucksvoll zeigt sich die Kraft des Buy-and-Build-Modells auch im hoch regulierten Umfeld der Pharmadienstleistungen. **Pharmalex**, ursprünglich ein mittelgroßer deutscher Spezialanbieter für Medikamentenzulassungen mit 14 Millionen Euro Umsatz, wurde seit dem Einstieg von AUCTUS 2014 systematisch internationalisiert. Zentrale Bausteine waren ein klares Rebranding, der Aufbau globaler Sales-Teams und die Umsetzung einer gezielten M&A-Strategie. Bis zum Exit 2022 wurden weltweit 38 Unternehmen übernommen und das Leistungsspektrum gezielt um Technology-enables Services, Software, Zertifizierung und Quality Control erweitert. Das Ergebnis: ein globaler Marktführer mit 50 Standorten in 15 Ländern und ein erfolgreicher Verkauf für 1,3 Milliarden Euro.

Was all diese Fälle verbindet, ist das dahinterstehende Prinzip: AUCTUS verfolgt keinen standardisierten Baukastenansatz, sondern entwickelt differenzierte Beteiligungsstrategien entlang der Sektorlogik. Die Bewertung potenzieller Sektoren und Plattformen in Bezug auf ihre Eignung für ein erfolgreiches Buy-and-Build-Konzept erfolgt anhand von über 20 Kriterien – von Marktfragmentierung über Technologierisiken und -chancen bis zu kulturellem Fit und Synergiepotenzialen. Gerade die kulturelle Integration ist dabei oft der entscheidende Erfolgsfaktor – oder das größte Risiko. Nicht ohne Grund heißt es in der Branche: „Es gibt zwei sichere Wege, Geld zu verlieren – eine Fluglinie kaufen oder Firmen mit unterschiedlichen Kulturen fusionieren." Wer Buy-and-Build ernst nimmt, braucht daher mehr als Zahlenverständnis: Er braucht Fingerspitzengefühl, Vision – und die Fähigkeit, Menschen in Veränderungsprozesse mitzunehmen.

Diese Haltung prägt auch den Umgang mit der Haltedauer: Während viele Investoren auf Drei- bis Fünfjahreszyklen setzen, hält AUCTUS Plattformen so lange, wie es für eine nachhaltige Entwicklung nötig ist – oft auch acht oder zehn Jahre oder sogar noch länger. Denn Wachstum folgt keiner Frist, sondern einem Prozess, der von der Reife des Unternehmens, der Marktlage und dem gemeinsamen Ziel bestimmt wird. AUCTUS hat sich über 25 Jahre hinweg genau darauf spezialisiert. Und dabei eines nie aus dem Blick verloren: dass es nicht um Rendite allein geht, sondern um echte unternehmerische Wertschöpfung. Mit einem klaren Ziel: aus starken Mittelständlern Marktführer zu formen – mit Haltung, System und Respekt vor dem, was bereits geschaffen wurde.

Fazit und Appell – Beteiligungskapital als Zukunftstreiber

Beteiligungskapital ist kein Widerspruch zum Mittelstand – es ist seine Chance. Es kann der Impuls sein, der aus Substanz Skalierung macht, aus Erfahrung Struktur, aus Potenzial Marktführerschaft. Entscheidend ist nicht das Kapital selbst, sondern die Haltung, mit der es eingesetzt wird. Denn was Unternehmerinnen und Unternehmer heute suchen, ist nicht einfach jemand, der ihre Firma „übernimmt". Gesucht wird ein Partner, der versteht, was da ist – und hilft, daraus mehr zu machen. Der die Sprache des Mittelstands spricht. Der Verantwortung nicht verwaltet, sondern trägt.

Dass das funktioniert, zeigen viele Beispiele. Dennoch braucht es mehr davon. Es braucht den Mut, Partnerschaft nicht als Kontrollverlust zu begreifen, sondern als Ermöglichung. Es braucht politische Rahmenbedingungen, die nicht zwischen gutem und bösem Kapital unterscheiden, sondern zwischen echtem Engagement und kurzfristiger Renditeorientierung. Denn wer Wachstum und Innovation fördern will, muss Kapital mobilisieren – und dabei akzeptieren, dass unternehmerisches Handeln ein berechtigter Teil dieser Lösung ist.

Gleichzeitig braucht es auch in der Beteiligungsbranche ein Umdenken. In der öffentlichen Wahrnehmung dominiert häufig das Bild von Private Equity als Beschleuniger für Start-ups und digitale Plattformmodelle. Und ja: Auch hier muss Deutschland besser, schneller, unbürokratischer und vor allem kapitalstärker werden. Doch der Kern der deutschen Wirtschaft liegt weiterhin im Mittelstand, in Familienbetrieben, in spezialisierten Dienstleistern, in Firmen mit langer Geschichte und tiefer regionaler Verwurzelung und in den neuen Unternehmern, die ihre Firmen fast ohne Startkapital aufbauen und zu Marktführern ausbauen wollen.

Dort liegen enorme Chancen – nicht nur wirtschaftlich, sondern auch gesellschaftlich. Denn genau diese Unternehmen tragen Verantwortung für Ausbildungsplätze, regionale Entwicklung, Innovationskraft und Stabilität. Sie haben nicht das lauteste Marketing, aber die stabilsten Fundamente. Wer sie stärken will, braucht Kapital, das sich nicht nur rechnet – sondern mitdenkt. Private Equity kann diese Rolle übernehmen – wenn es bereit ist, sich auf den Mittelstand einzulassen. Nicht mit standardisierten Modellen, sondern mit Branchenkompetenz, Augenhöhe und echtem Unternehmertum. Nicht mit Exitdruck, sondern mit der Geduld, Wert zu entwickeln. Nicht als Verwalter von Rendite – sondern als Möglichmacher für das, was unser Land wirtschaftlich zusammenhält.

ANMERKUNGEN

1 GASAG Magazin: „Wie hilft die Energiewende gegen den Klimawandel?", abgerufen am 10. Mai 2025, https://www.gasag.de/magazin/nachhaltigkeit/energiewende-klimawandel/

2 Goldman Sachs: „AI investment forecast to approach $200 billion globally by 2025", abgerufen am 10. Mai 2025, https://www.goldmansachs.com/insights/articles/ai-investment-forecast-to-approach-200-billion-globally-by-2025

3 Bloomberg: „Germany's €23 Billion Green Experiment to Save Its Industrial Economy", veröffentlicht am 27. März 2024, abgerufen am 10. Mai 2025, https://www.bloomberg.com/news/articles/2024-03-27/germany-s-23-billion-green-experiment-to-save-its-industrial-economy

4 Institut für Mittelstandsforschung (IfM) Bonn: Unternehmensnachfolgen in Deutschland 2022 bis 2026, Daten und Fakten Nr. 27, Dezember 2021, S. 9.

5 BVK/IfM Bonn, Beteiligungskapital im Mittelstand – Analyse der Entwicklung beteiligungsfinanzierter Unternehmen (2021), S. 12–15.

6 KPMG, Reuters, BVK, Invest Europe, EZB; https://www.bvkap.de, https://www.kpmg.com, https://www.ecb.europa.eu sowie Crunchbase News, „Europe's Startup Funding Stabilized In 2024", abgerufen am 13. Januar 2025.

7 Pensionsmyndigheten: „Das Rentensystem in Schweden", abgerufen am 10. Mai 2025, https://www.pensionsmyndigheten.se/other-languages/deutsch-tyska/deutsch-tyska/das-rentensystem-in-schweden

8 CB Insights, State of Venture, Q1 2025 (2025); Crunchbase News: „Europe's Startup Funding Stabilized In 2024, But Remains Far Off Market Peak", veröffentlicht am 13. Januar 2025, abgerufen am 10. Mai 2025, https://news.crunchbase.com/venture/europe-startup-funding-eoy-2024/

9 Deutsches Aktieninstitut, Aktionärszahlen 2024.

10 Invest Europe, Investing in Europe: Private Equity Activity 2024.

11 BVK/IfM Bonn, Beteiligungskapital im Mittelstand – Analyse der Entwicklung beteiligungsfinanzierter Unternehmen (2021), S. 12–15.

12 European Commission (2023): https://defence-industry-space.ec.europa.eu/system/files/2023-10/C_2023_6689_1_EN_annexe_acte_autonome_part1_v9.pdf, abgerufen am 12. August 2025.

13 European Parliament (2023): https://www.europarl.europa.eu/RegData/etudes/ATAG/2023/739327/EPRS_ATA(2023)739327_EN.pdf, abgerufen am 12. August 2025.

14 WWF (2022): https://www.wwf.eu/?6641916/The-EU-eats-the-world-shows-new-report, abgerufen am 12. August 2025.

15 DW (2025): https://www.dw.com/en/eu-still-buying-russian-fertilizer-nitrogen-based-fertilizer-european-agriculture/a-72727474, abgerufen am 12. August 2025.

16 Agora (2014): https://www.agora-energiewende.de/fileadmin/Projekte/2013/EEG-20/Agora_Energiewende_Hintergrund_EEG_2014_29082014_web.pdf, abgerufen am 12. August 2025.

17 O'Sullivan: https://www.iaee.org/en/publications/proceedingsabstractpdf.aspx?id=12473, abgerufen am 12. August 2025.

18 Energy Charts: https://www.energy-charts.info/charts/installed_power/chart.htm?c=DE&year=2011, abgerufen am 12. August 2025.

19 Destatis (2024): https://www.destatis.de/DE/Presse/Pressemitteilungen/2024/07/PD24_N038_43.html, abgerufen am 12. August 2025.

20 Fraunhofer ISE (2025): https://www.ise.fraunhofer.de/en/publications/studies/recent-facts-about-pv-in-germany.html, abgerufen am 12. August 2025.
21 European Commission: https://single-market-economy.ec.europa.eu/sectors/automotive-industry_en, abgerufen am 12. August 2025.
22 European Commission (2023): https://joint-research-centre.ec.europa.eu/jrc-news-and-updates/climate-neutral-tech-solutions-eus-strong-innovation-lags-commercialisation-2023-11-15_en, abgerufen am 12. August 2025.
23 McKinsey (2022): https://www.mckinsey.com/capabilities/mckinsey-digital/our-insights/quantum-computing-just-might-save-the-planet, abgerufen am 12. August 2025.
24 BCG (2024): https://www.bcg.com/press/18july2024-quantum-computing-create-up-to-850-billion-of-economic-value-2040, abgerufen am 12. August 2025.

25 WCR-Rankings – IMD business school for management and leadership courses.
26 World Economic Outlook Update, January 2025: Global Growth: Divergent and Uncertain, BMWE – Konjunktur und Wachstum, Volkswirtschaftliche Gesamtrechnung (VGR) Deutschland – Statistisches Bundesamt, World Economic Outlook (April 2025) – Real GDP growth.
27 Entwicklung des Warenhandels | Globalisierung | bpb.de, Außenhandel: Deutsche Exporte sinken 2024 erneut | DIE ZEIT, Die Fakten: Wächst die Schweiz vor allem in die Breite? | economiesuisse
28 Globaler Innovationsindex2024. Zusammenfassung.
29 Globaler Innovationsindex2024. Zusammenfassung.
30 Nation Brands Index 2022: Deutschland im sechsten Jahr in Folge Imageweltmeister | Ipsos

31 KfW Research: Klimaneutralität bis Mitte des Jahrhunderts erfordert Investitionen von 5 Billionen EUR | KfW
32 Start – Transformationspfade für das Industrieland Deutschland.
33 Koalitionsvertrag von CDU, CSU und SPD
34 Gründungsradar | www.gruendungsradar.de
35 Startup-Verband | DSM
36 Der deutsche Venture Capital-Markt nach dem ‚Boom and Bust': Rückkehr zu nachhaltigem Aufwärtstrend sollte Ziel sein.
37 GreenTech Atlas 2021: Deutsche Wirtschaft profitiert von wachsenden Märkten für Umwelttechnologien.
38 GreenTech Atlas 2025 | Umweltbundesamt
39 BMWE – Politik für den Mittelstand.
40 Innovationsaktivitäten im Mittelstand: Unternehmen mit eigener Forschung und Entwicklung dominieren das Innovationsgeschehen | KfW
41 KfW-Innovationsbericht KfW Research: Innovatorenquote im Mittelstand sinkt auf 40% | KfW
42 KfW-Mittelstandspanel 2024.
43 Garnitz, Johanna / von Maltzan, Annette / Müller, Johannes: *Nachfolge-Monitoring deutscher Familienunternehmen. Eine empirische Analyse auf Datenbasis der Datenbank FamData*, in: ifo Schnelldienst, Jg. 76 (2023), Nr. 12, S. 46–49.
44 Schwartz, Michael: *Nachfolge-Monitoring Mittelstand 2024: Jedes vierte Unternehmen denkt über Geschäftsaufgabe nach – Alter ist Hauptgrund*. Fokus Volkswirtschaft Nr. 481, KfW Research, Frankfurt am Main 2025.
45 Deutsche Industrie- und Handelskammer (DIHK): *DIHK-Report Unternehmensnachfolge 2024. Zahlen und Einschätzungen zum Generationswechsel in deutschen Unternehmen*, Berlin 2024.

46 Deutsche Industrie- und Handelskammer (DIHK): *DIHK-Report Unternehmensnachfolge 2024. Zahlen und Einschätzungen zum Generationswechsel in deutschen Unternehmen*, Berlin 2024.
47 Schwartz, Michael: *Nachfolge-Monitoring Mittelstand 2024: Jedes vierte Unternehmen denkt über Geschäftsaufgabe nach – Alter ist Hauptgrund*. Fokus Volkswirtschaft Nr. 481, KfW Research, Frankfurt am Main 2025.
48 Deeptech Report 2023, Dealroom.
49 „Forschen & Gründen", Studie TUM 2021.
50 ifo Schnelldienst, 2025, 78, Nr. 0504-09: online unter https://www.ifo.de/publikationen/2025/aufsatz-zeitschrift/start-ups-deutschland-aktuelle-entwicklung-wirtschaftspolitischer-handlungsbedarf
51 Mia san die besten, April 2025, Manager Magazin
52 Daten und Fakten zu UnternehmerTUM: online unter https://www.unternehmertum.de/ueber/daten-fakten
53 KfW Report Start-up-Finanzierungen 2024
54 Pressemeldung Isar Aerospace, online unter https://isaraerospace.com/press/isar-aerospace-lifts-off-successfully-during-first-test-flight-of-orbital-launch-vehicle
55 Pressemeldung UnternehmerTUM zu Isar Aerospace: online unter https://www.unternehmertum.de/presse/isar-aerospace-erhoeht-series-b-finanzierung
56 Pressemeldung UnternehmerTUM zu Proxima Fusion: online unter https://www.unternehmertum.de/presse/max-planck-ausgruendung-proxima-fusion-erhaelt-7-millionen-euro; https://www.unternehmertum.de/en/press/proxima-fusion-erhaelt-seed-finanzierung-ueber-20-millionen-euro; https://www.unternehmertum.de/presse/proxima-fusion-sammelt-in-serie-a-finanzierungsrunde-130-millionen-euro

57 Pressemeldung UnternehmerTUM zu tanso: online unter https://www.unternehmertum.de/presse/tanso-erhaelt-eur6-5-millionen-finanzierung-zur-dekarbonisierung-der-europaeischen-industrie; https://www.unternehmertum.de/presse/tanso-erhaelt-1-6-mio-euro-pre-seed-finanzierung-fuer-eine-klimaneutrale-wirtschaft

58 Pressemeldung UnternehmerTUM zu Reverion: online unter https://www.unternehmertum.de/presse/reverion-erhaelt-62-millionen-usd-zur-serienfertigung-seiner-revolutionaeren-kraftwerke; https://www.unternehmertum.de/presse/reverion-erhaelt-8-5-millionen-euro-fuer-den-einstieg-in-die-serienproduktion-von-kraftwerken-der-zukunft

59 Pressemeldung UnternehmerTUM LEC: online unter https://www.unternehmertum.de/presse/learning-and-exchange-center-austausch-zentrum-zum-aufbau-der-start-up-factories-startet-aktivitaeten; https://www.unternehmertum.de/presse/wirkung-von-start-up-zentren-an-hochschulen-messbar-machen

60 Fakten EU Binnenmarkt: online unter https://www.consilium.europa.eu/de/policies/the-eu-single-market-benefits-facts-and-figures/

61 RISE EUROPE Positionspapier.

62 Report „CATALYSTS FOR CHANGE IN THE EUROPEAN START-UP ECOSYSTEM", McKinsey, Bits&Pretzels, RISE EUROPE.

63 RISE EUROPE, Scale-up-Strategie: online unter https://ec.europa.eu/info/law/better-regulation/have-your-say/initiatives/14530-EU-Start-up-and-Scale-up-Strategy/F3526660_en

64 EU INC: online unter https://www.eu-inc.org/

65 CB Insights. (2025). The Complete List Of Unicorn Companies. https://www.cbinsights.com/research-unicorn-companies

66 Hirschfeld, A., Kollmann, T., Gilde, J., Walk, V. & Ansorge, M. (2024). *Deutscher Startup Monitor 2024.* Bundesverband Deutsche Startups e.V. (Hrsg.). https://deutscherstartupmonitor.de/

67 KfW Capital (2023, 22. November). Final Closing „Wachstumsfonds Deutschland“: 1 Mrd. Euro zur Stärkung des europäischen und deutschen Venture Capital-Ökosystems [Press release]. https://www.kfw-capital.de/Bilder-und-Grafiken/Wachstumsfonds-D/Presseerkl%C3%A4rungen/2023-22-11_Presseerkl%C3%A4rung-Wachstumsfonds-Deutschland.pdf

68 Sachverständigenrat zur Begutachtung der gesamtwirtschaftlichen Entwicklung (2023). *Wachstumsschwäche überwinden – In die Zukunft investieren: Jahresgutachten 2023/24*, S. 185.

69 Kortum, S., & Lerner, J. (2000). Assessing the contribution of venture capital to innovation. RAND Journal of Economics, 31(4), S. 674–692. https://doi.org/10.2307/2696354

70 Akcigit, U., Dinlersoz, E., Greenwood, J. & Penciakova, V. (2022). Synergizing ventures, Journal of Economic Dynamics and Control, 143(2022), https://doi.org/10.1016/j.jedc.2022.104427; Lerner, J. & Nanda, R. (2020). Venture capital's role in financing innovation: What we know and how much we still need to learn (Harvard Business School Working Paper No. 20-131). Harvard Business School. https://www.hbs.edu/ris/Publication%20Files/20-131_fc73af76-3719-4b5f-abfc-1084df90747d.pdf

71 Schnitzer, M., & Watzinger, M. (2022). Measuring the spillovers of venture capital, Review of Economics and Statistics 104(2), S. 276–292.

72 Brown, G. W., Chow, M. J., Fisher, D. & Yi, L. (2022, Februar). An Analysis of Employment Dynamics at Venture-Backed Companies Between 1990 and 2020. National Venture Capital Association, Venture Forward & University of North Carolina Kenan Institute of Private Enterprise. https://nvca.org/wp-content/uploads/2022/02/Employment-Dynamics-at-Venture-Backed-Companies_FINAL.pdf

73 Samila, S. & Sorenson, O. (2011). Venture capital, entrepreneurship, and economic growth. Review of Economics and Statistics, 93(1), 338–349. https://doi.org/10.1162/REST_a_00066

74 Prüver, T. (2025). EY Startup-Barometer July 2025. Ernst & Young GmbH.

75 van Pottelsberghe de la Potterie, B., Romain, A. (2004). The Economic Impact of Venture Capital, Discussion Paper Series 1, No. 2004,18, Deutsche Bundesbank, Frankfurt a. M.

76 Arnold, N., Claveres, G. & Frie, J. (2024). *Stepping Up Venture Capital to Finance Innovation in Europe.* International Monetary Fund (Hrsg.), Working Paper 24/146.

77 Akcigit, U., Dinlersoz, E., Greenwood, J. & Penciakova, V. (2022). Synergizing ventures, Journal of Economic Dynamics and Control, 143(2022), https://doi.org/10.1016/j.jedc.2022.104427.

78 Hill, S., Ionescu-Somers, A., Coduras, A., Guerrero, M., Menipaz, E., Boutaleb, F., Zbierowski, P., Sahasranamam, S. & Shay, J. (2024). GEM 2023/2024 Global Report: 25 Years and Growing. Global Entrepreneurship Research Association, London Business School.

79 Paik, Y. (2014), Serial Entrepreneurs and Venture Survival. Strategic Entrepreneurship Journal, 8: S. 254–268. https://doi.org/10.1002/sej.1161

80 Konrad, A. (2018, August 2). The PayPal Mafia: Who are they and where are they now? VentureBeat. https://venturebeat.com/2018/08/02/paypal-mafia-who-are-they-and-where-are-they-now/

81 Wagner, M. (2022). Risk in green startups: A systematic literature review. *Business Strategy and the Environment, 31*(6), 2524–2545. https://doi.org/10.1002/bse.3942

82 Leonard, A., Roongta, R. & Plaisted, J. (2025, Mai). Global Venture Capital Outlook: The Latest Trends. Bain & Company. https://www.bain.com/insights/global-venture-capital-outlook-latest-trends-snap-chart/

83 KPMG. (2025, January). 2024 global VC investment rises to $368 billion. KPMG International. https://kpmg.com/xx/en/media/press-releases/2025/01/2024-global-vc-investment-rises-to-368-billion-dollars.html

84 Viete, S. & Metzger, G. (2025). KfW Venture Capital-Dashboard Q4 2024. KfW Research. https://www.kfw.de/PDF/Download-Center/Konzernthemen/Research/PDF-Dokumente-Dashboard/KfW-VC-Dashboard-Q4-2024.pdf

85 Eigene Berechnung basierend auf Daten von pitchbook.com

86 Metzger, G. (2020). KfW Venture Capital Studie 2020: VC-Markt in Deutschland – Reif für den nächsten Entwicklungsschritt. KfW Research. https://www.kfw.de/PDF/Download-Center/Konzernthemen/Research/PDF-Dokumente-Studien-und-Materialien/KfW-Venture-Capital-Studie-2020.pdf

87 Benford, J. & Eich, F. (2021). The EU's support for tech startups: From scale to purpose? Bertelsmann Stiftung. https://www.bertelsmann-stiftung.de/fileadmin/files/BSt/Publikationen/GrauePublikationen/EU_Startup_Policy_Brief_final_14.1.21.pdf

88 Bundesverband Beteiligungskapital (2023). Eine neue VC-Agenda für Deutschland und Europa: Warum wir privates Wachstumskapital mobilisieren müssen und wie wir das schaffen. https://www.bvkap.de/sites/default/files/page/2023/07/07/2023_studie_vc-agenda_fuer_deutschland_und_europa_de_0.pdf BVK /Ulrike Malmendier in FT; Autor. (Jahr, Monat Tag). Titel des Artikels. Financial Times.

89 Deutsche Bundesbank. (2025, April 25). Geldvermögensbildung und Außenfinanzierung in Deutschland im vierten Quartal 2024. https://www.bundesbank.de/de/presse/pressenotizen/geldvermoegensbildung-und-aussenfinanzierung-in-deutschland-im-vierten-quartal-2024-956202

90 Baresel, K., Eulitz, H., Fachinger, U., Grabka, M. M., Halbmeier, C., Künemund, H., Lozano Alcántara, A. & Vogel, C. (2021). Hälfte aller Erbschaften und Schenkungen geht an die reichsten zehn Prozent aller Begünstigten. DIW Wochenbericht, 5, S. 63–71. https://doi.org/10.18723/diw_wb:2021-5-1

91 Ebenda.

92 Swensen, David F. (2009). Pioneering Portfolio Management: An Unconventional Approach to Institutional Investment (Fully Revised & Updated Edition). New York: Free Press.

93 Wigglesworth, R. & Kasumov, A. (2021, 7. Mai). David Swensen, the Yale pioneer who reshaped investing. Financial Times.

94 Bundesverband Deutscher Stiftungen (2020). Anlagen in Venture Capital. https://www.stiftungen.org/aktuelles/meldungen/anlagen-in-venture-capital.html

95 Europäische Kommission: Energy Performance of Buildings, Brüssel 2023, online unter: https://energy.ec.europa.eu/topics/energy-efficiency/energy-efficient-buildings_en

96 Buildings Performance Institute Europe (BPIE): Building renovation: A kick-starter for the EU recovery, Brüssel 2020, online unter: https://www.bpie.eu/publication/building-renovation-a-kick-starter-for-the-eu-recovery/

97 Europäische Kommission: Energy Performance of Buildings, Brüssel 2023, online unter: https://energy.ec.europa.eu/topics/energy-efficiency/energy-efficient-buildings_en

98 Eurostat: Energy prices and costs in Europe 2023, Luxemburg 2024, online unter: https://ec.europa.eu/eurostat

99 Bundesverband Deutsche Startups e. V.: German Startup Monitor 2023 – Sonderauswertung „Green Construction“, Berlin 2023, online unter: https://deutschestartups.org/publikationen/gsm-2023-green-construction

Bibliografische Information der Deutschen Nationalbibliothek
Die Deutsche Nationalbibliothek verzeichnet diese Publikation in der Deutschen Nationalbibliografie; detaillierte bibliografische Daten sind im Internet über http://dnb.de abrufbar.

Miramar-Haus
Schopenstehl 15
20095 Hamburg

Lektorat: Stefanie Weiß, München
Umschlaggestaltung: Annalena Weber Buchdesign, Hamburg
Druck und Bindung: CPI books GmbH, Leck
Printed in Germany

ISBN 978-3-86774-854-4

Besuchen Sie uns im Internet: www.murmann-verlag.de
Ihre Meinung zu diesem Buch interessiert uns!
Zuschriften bitte an info@murmann-publishers.de
Den Newsletter des Murmann Verlages können Sie anfordern unter
newsletter@murmann-publishers.de